AMPHIORAMA

ou

LA VUE DU MONDE

PHÉNOMÈNE INCONNU

pour la première fois observé et décrit

PAR

F. W. C. TRAFFORD

LAUSANNE

1875

AMPHIORAMA

OU

LA VUE DU MONDE

PHÉNOMÈNE INCONNU

pour la première fois observé et décrit

PAR

F. W. C. TRAFFORD

LAUSANNE

1875

La première impression de cette brochure ayant rendu apparente quelque insuffisance de clarté et de précision ; l'auteur a corrigé quelques phrases sans changer la substance de la narration. — Il a aussi supprimé la carte du Pôle arctique, dont l'exécution n'était pas suffisamment artistique.

LA VUE DU MONDE

Equidem beatos puto, quibus, deorum munere,
datum est, aut facere scribenda, aut !scribere
legenda. Beatissimos, vero, quibus utrumque.
C. Plinii Epist. Lib. VI, 16.

Il est notoire dans les écoles que parfois, à Alexandrie
en Égypte, les riverains aperçoivent le paquebot venant
de Malte, un jour avant le terme qui lui est assigné. Les
bateliers préparent leurs amarres, les douaniers, les con-
suls, les autorités, sont à leur poste. Pendant plusieurs
heures le navire est en vue sur l'horizon. On distingue, à ses
traits, l'officier commandant et chaque homme de l'équi-
page. Mais le navire disparaît et n'arrive qu'après un jour,
à sa date habituelle. Car lorsqu'il avait été vu à l'horizon,
il était encore près de Malte, soit à une distance de quatre
à cinq cents kilomètres.

Or la sphéricité de la terre intervient ; et, sans télescope,
il est impossible de voir un objet à |pareille distance. No-
nobstant, le fait est connu, et les gens instruits n'en expri-
ment aucun doute, quoique la théorie ne l'explique pas.

Considérant que les riverains égyptiens sont au niveau
de la mer, lorsqu'ils aperçoivent la physionomie d'un

homme à plus de quatre cents kilomètres, on n'hésitera
pas à admettre que, si l'observateur était posté au haut
d'une montagne, il apercevrait de petits objets à des distances dont je laisse calculer la probabilité aux algébristes.

Lorsque les objets, miroités par l'atmosphère à angles
divergents, apparaissent dans des postures fantastiques,
on appelle cela — *un mirage*. — Ne faudrait-il pas une
dénomination spéciale pour cette télescopie où les objets
lointains s'élèvent au niveau de l'horizon et se montrent
dans leur *position* et aussi leur *dimension* naturelles?

Appellerons-nous cela un — TÉLORAMA —?

Alexandrie n'a pas un privilége exclusif de ces dioramas
à longues distances. Plusieurs observateurs en ont rapporté
d'autres. Il me souvient d'avoir lu que le navigateur arctique Scoresby vit en télorama un navire sur lequel, dans
une rixe, le capitaine tuait un matelot. La distance était
telle que ce ne fut qu'au troisième jour de navigation en
sens mutuel que les deux navires se rencontrèrent. Grande
fut la surprise du capitaine lorsqu'il s'entendit raconter
des détails qu'il croyait être sans témoins.

Environ l'an 1865, le journal anglais *the Times* rapporta
qu'un navire, qui passait à quelques degrés de latitude
au sud du cap de Bonne-Espérance, fut favorisé de ce
merveilleux spectacle.

Dans le nouveau canon de nos livres sacrés, il est fait
mention d'une haute montagne d'où on voyait en un mo-
ment tous les royaumes du monde et leur gloire. (Luc
IV, 5; Math. IV, 8.) Mais la situation de la montagne n'est
pas indiquée dans nos éditions modernes.

Les habitants des deux Rivières de Gênes, ceux de Nice
et de Cannes, savent que parfois la Corse leur est visible,

quoique sa distance soit de deux cent cinquante kilomètres. Dans les régions de Nimes, vers Montpellier, on
voit des mirages.

Ce phénomène eut lieu lorsque j'étais sur les hauteurs
du fort Castellana, Porto Venere, Spezia, à une élévation
de cinq cents mètres sur la mer, à peu de jours de Pâques
qui fut le 28 mars 1869. Cette date, que ma mémoire ne
saurait préciser à une semaine près, suffit pour indiquer
la période de l'année, et à retrouver la date exacte dans
les registres des marins, des maîtres de ports, et autres
observateurs.

Imaginer un jour lorsque le soleil éclaire sans accabler,
et qu'un repos universel, une gracieuse placidité, entoure
le monde dans toutes ses régions en même temps ; cela ne
se présente à notre esprit que comme une licence poétique.
La réalité, ce calme céleste, existait ce jour-là. Alors la
planète m'apparut splendide et radieuse.

Cet état de l'atmosphère dura tout le jour. Et le len-
demain matin, de sept à neuf heures, pendant que le soleil
traversait les méridiens entre la pointe de l'Inde et celle
d'Afrique, soit entre les caps Comorin et Guardafui, la
pluie tombait abondante, verticale et sans orage. Les
mêmes registres des observateurs de météorologie indique-
ront si ce dépôt de liquide était également général autour
du monde.

Décrire, comme elle le mérite, la magnificence de ce
Télorama, n'est pas en mon pouvoir. Je n'écris ces lignes
que pour éveiller l'attention. Et d'autres plumes, plus exer-
cées que la mienne, trouveront l'occasion de l'entreprendre.
Car ce phénomène, *cette Vue sublime*, est accessible à tout
touriste assez doué de curiosité et de patience pour aller
demeurer en ces parages, et y attendre que, par un beau

jour de printemps, le capricieux sort veuille verser sur lui ses gracieuses faveurs.

C'était en 1869. Le soleil, venant du Sud, était vertical sur l'équateur; et j'étais, à la hauteur de cinq cents mètres, sur la crête parallèle aux Apennins qui abrite le golfe de la Spezia contre le vent d'occident, lorsque je vis, — et quel que fût mon étonnement et l'examen de mes sens, force me fut d'admettre que je voyais — le bassin de la Méditerranée ! Aucun doute ne pouvait me rester! Voilà bien la Corse et la Sardaigne, sœurs jumelles! Et là, l'Espagne montagneuse !

La mer a proclamé la paix et étale les délices d'un calme absolu. C'est gracieux comme un traité de paix à perpétuité. Mes regards la traversent, et en suivent les contours jusqu'au delà du détroit de Tarifa. La côte d'Afrique le long de la Méditerranée s'élève en montagne haute, rapide et boisée. L'atmosphère qui forme le ciel du tableau, m'apparaît comme ayant la qualité de transparence, mais je ne parviens pas à voir le pays plus au Sud, dans la direction du méridien.

L'Espagne me montre toute sa masse de montagnes. Parmi leurs crêtes je cherche si le Portugal a quelque division naturelle; mais c'est en vain, je ne parviens pas à voir le littoral occidental de la Péninsule Ibérique, ni l'Atlantique qui le baigne, quoique l'atmosphère y ait aussi cet aspect particulier de profondeur, d'espace infini, de transparence *téloramique*.

Dans mon voisinage immédiat, les Apennins, dont les crêtes se rangent à un niveau de deux mille mètres, se baissent au point de laisser plonger la vue sur la Grèce.

Sans perdre aucune de leurs proportions, toutes les

masses de montagnes s'abaissent pour permettre la perspective à vue d'oiseau. Et la convexité du gl   se déroule en plaine horizontale. Et *les distances c   nt* leurs relations naturelles; mais elles ne produi   aucune influence optique sur la *dimension* des objet..

Quelle peut être cette pyramide détachée de ce golfe? Ce n'est pas Capri? Il m'est familier à moi, le premier touriste qui visita sa Grotte-d'azur, lors de sa découverte en 1827, par des pêcheurs qui, déviés par la tempête contre ces rochers, aperçurent la vague s'engouffrer sous le roc. Moi qui l'ai si souvent contemplé de ces belvédères que Virgile n'a pas voulu quitter, même après sa mort; ayant choisi, pour son tombeau, un site, parmi les points de vue les plus enchanteurs, adossé au promontoire de Pausilippe. L'île grandit pendant que je la regarde. Oh! comme sa dimension change! Enfin son expansion cesse! Elle reste fixée à sa dimension naturelle. C'est le majestueux Etna! Sa grandeur est la même que vu de sa base, de Taormina ou d'Aci Reale. Il vient s'interposer, et me voiler une grande partie de l'Afrique, et les cataractes du Nil, que je voyais avant qu'il ait grandi.

Le détroit de Messine se montre ouvert dans toute sa longueur, quoique son cap Faro devrait le couvrir à ma vue.

Où est la fée Morgana? Est-elle consignée dans quelque registre comme contemporaine d'un *Télorama?* Enregistre-t-on les dates de ces phénomènes à Alexandrie, en Provence, et dans les observatoires de météorologie?

La transparence atmosphérique, le calme brillant, la lucidité du diorama fait épanouir l'âme. Et une céleste satisfaction m'inspire que le Créateur vient de faire la planète, et qu'il trouve que c'est bien. Mais l'humanité n'y est pas.

Pas même le règne animal. Point de mâchoires pour grincer des dents.

Ne trouverai-je nulle part quelque indice de vie, d'habitation! La Méditerranée peut-elle être sans navires? Dans les régions avoisinant Gibraltar, le cap de Gate, l'isthme de Suez, les Echelles du Levant, le Phare de Messine; rien! Pas un voilier n'a mis en panne pour attendre l'aquilon! Pas une de ces proues latines si pittoresques ne scarifie la superficie de l'onde avec ses vingt-quatre rameurs. Et de ce côté, au bas de ma montagne; ah! enfin. Trois voiles doucement tendues semblent indiquer que l'invisibilité de leur bâtiment provient d'un zéphir qui, soufflant dé la côte voisine, se glisse entre la surface de l'onde et la fluide atmosphère qu'il soulève jusqu'au tillac d'abord; puis, grimpant d'un ris à l'autre, il porte l'invisibilité jusqu'au haut de la voilure; et enfin le pommeau du mât disparaît aussi. C'était du canevas neuf et soigné, coupé en chaloupe. — Trois yachts anglais, en ligne de front, faisant pour Gênes?

Et encore là, dans le détroit de Bonifacio, sur la rive de Corse, deux vapeurs à roues sont couverts d'un bout à l'autre de tentes adaptées avec exactitude qui leur donnent un air stationnaire, quoique leur position exposée aux risques des tempêtes annonce le contraire. Poupe à poupe, les quilles sur le prolongement l'une de l'autre, la précision de leurs armatures, leur physionomie d'une netteté élégante, appellent l'admiration. Qui peuvent-ils être! Aucun pavillon ne pend à la corne. Aucun homme n'apparaît hors des tentes qui indiquent une journée chaude, quoique à moi-même, sur la montagne, l'atmosphère ne soit pas oppressive; au contraire, elle est douce, agréable, sans fatigue ou électricité sensible.

Mais ne parviendrai-je pas à apercevoir une maison, une

ville! Voilà le golfe de Gênes et celui du Lion; et dans cette direction, ah! le Panthéon ! Une fenêtre de sa coupole reflète un rayon de soleil ! Cette fenêtre est-elle au méridien? Si je m'entendais en mesurage, ce reflet m'indiquerait l'heure du jour ou la position du soleil. Et là? le dôme doré des Invalides! Et entre deux se dessine la ligne de Paris.

Seuls vestiges de l'humanité, alors que, sur toute la surface du monde, il ne reste pas pierre sur pierre, et qu'un seul homme contemple!

Les îles britanniques sont bien boisées, d'une verdure bleue, de plaisant aspect. La malle d'Irlande vient de quitter Holyhead, avec beaucoup de gens sur le pont. Sa direction pointe vers le cap méridional de la baie de Dublin. C'est pour Kingston. Sa boussole est bien correcte. Voyez la vélocité de ce long navire. Les vagues que ses roues forment, restent longtemps après que sa carène a glissé entre elles. Les gens sur le pont deviennent une substance vaporeuse; ils ne sont plus visibles. Les petits détails du navire deviennent moins distincts pendant cinq minutes. Alors, le mât de beaupré disparaît. Avançant à sa suite comme au travers d'un rideau, la proue se disloque et disparaît pendant que les tambours se soulèvent. La seconde moitié, les flancs, le gaillard, s'écartent. Toutes ces parties se raréfient, prennent la densité de la vapeur; l'invisibilité les absorbe. Toutefois, l'homogénéité de l'atmosphère n'est troublée que localement et pas assez pour traverser la vue du Canal d'Irlande, de la baie de Dublin, et de la verte Erin.

Dans le Canal de la Manche, de nombreux vapeurs, mais pas une seule voile, voguent en pleine carrière et avancent avec un progrès visible. Ce sont de grands hélices en tôle, à coque rouge, navires à marchandises. C'est une nombreuse flotte qui descend des dunes; quelques-uns de l'Est, mais la plupart de l'Ouest des bancs de sable. La moitié ont atteint une ligne méridionale du cap Dungeness. Sur le reste de la Manche il n'y a pas de navires. Deux ou trois grands vapeurs en bois, entrant dans la Manche, ont doublé Landsend, et côtoyent vers le fond des golfes, semblant chercher un refuge à Plymouth ou à Falmouth.

C'est bien le plus grand, ce gros corps en bois, avec petits mâts, à la hauteur d'Alderney. Ses roues plongent une palette après l'autre, et à chaque palette il avance d'un pas visible, et fend l'eau qui ruisselle sur la face de son brise-lames, comme vu du bord d'une rivière. Que c'est puissant, une palette! Il vient du sud. Son air fatigué, sa grosse capacité, annonce un long voyage. A en juger par la marée en pleine descente, témoignée par l'attitude des nombreux navires, il arrive d'une direction méridionale, et côtoye les rives de France pour aller prendre le haut de la marée, sur laquelle il pourra traverser le col étroit du Canal de la Manche et redescendre à Southampton.

Est-ce la Malle-Royale des Indes Occidentales? Ses tambours sont peints bleu clair ou bleu gris, et son pont d'une seule venue *(flush deck)* est peint blanc. Une telle peinture est insolite. C'est, dans la marine postale anglaise, le seul vapeur de cette dimension qui soit peint de cette couleur.

Le pont est spacieux et n'est pas embarrassé de structures; les gréements sont soigneusement pliés à leurs places, chaque clou, chaque fente dans le bois, et le fil des cordes, est distinct. Il n'y a pas de chaises ou bancs ou bagages. Et l'absence de personnes sur le pont, tant passagers que matelots, me fait supposer qu'on n'est pas encore levé à bord.

Sur la passerelle, le solitaire pilote jette un regard en

avant, puis à tribord vers la côte de Cherbourg. L'esprit à sa besogne, il semble avoir été longtemps à son poste. Il est en tenue de service, en drap bleu ; grosse redingote à boutons jaunes, fanée. Ses mains et ses ongles sont sales. Ses cheveux bruns abondants sont en désordre, sans barbe ou moustache. Sa corpulence est solide. Sa taille environ 1 mètre 75 (5 pieds 9 poucés).

Ce paquebot au long cours ne peut pas être là plus que une fois en deux ou trois mois. Donc son *Livre de bord* (Log book) contient avec précision *le jour et l'heure*, soit — LA DATE DE L'OBSERVATION. — Et, probablement, une entrée coïncidente se trouvera dans les *Livres de bord* des deux paquebots qui se sont rencontrés à Bonifacio en même temps, quoique pas à la même heure selon le méridien : et qui, selon leur apparence de long cours, ne traversent ce détroit, en cette direction, qu'une fois en trois ou quatre semaines.

Et à Bonifacio! Où en sont ces deux vapeurs sous ces hauts rochers, sans abri? Les voilà! L'un part ; sa direction est pour Marseille ; droit comme une flèche. L'eau que ses palettes soulèvent, forme à l'arrière une double ligne de vagues strictement droite qui persiste longtemps parallèle sans troubler la surface contiguë, et sans s'écarter en angle. La rapidité visible de sa progression, le grand espace qu'il franchit, m'étonne. Par son mouvement il couvre la perspective de l'eau adjacente, comme vu à cent mètres de distance. Sa direction, sévèrement correcte, indique que sa boussole est bien orientée dans le courant magnétique. C'est un navire en bois. Sa construction n'est pas de haut bord sur la ligne de flottaison. C'est une embarcation large et commode ; sans ouvertures dans les côtés, mais des sabords ovales sont élégamment simulés par des lignes

de peinture jaune-or sur une moulure à oves. Sa tente ne
contient pas un pli, pas la moindre fissure qui me laisse
apercevoir le pont ; et la passerelle est sans occupants.

Le passage du navire doit écarter et troubler l'atmosphère. Cette pertubation, équivalant à un vent de quinze
kilomètres à l'heure, n'empêche pas la visibilité. D'où provenait donc cette obscurité qui, lentement et de bas en
haut, grimpa sur la voilure des trois yachts de Gènes, où
la flasque tension des voiles indiquait un vent imperceptible
jusqu'au dernier instant de la visibilité.?

Le navire jumeau, construit sur le même moule, en est
encore à embarquer des passagers, un bateau plein, tous
hommes, dont les habits noirs ont le lustre de nouveauté,
et sont froissés par leur conservation pour les jours de
fête. L'opération est terminée. L'officier de quart est sur
la passerelle, sérieux à son poste. Son âge peut être de
24 à 30 ans, pas grand ni gros, plutôt le contraire; cheveux noirs coupés courts; favoris en collier, taillés courts;
frais rasé d'une forte barbe, dont les nombreuses racines
noires sont distinctes dans l'épiderme. En uniforme neuf
élégant, pantalon et gilet blanc avec boutons d'or à relief,
cape en drap. Le télescope au bras, il se range respec-
tueusement au coude de son capitaine, lorsque celui-ci
arrive sur la passerelle aussi.

Le capitaine est en négligé, chapeau de paille, carma-
gnole longue en velours brun; sans gilet ni bretelles; son
pantalon est ceint par une écharpe en soie couleur puce;
une bague d'or au doigt; sa corpulence ne porte pas obs-
tacle à son agilité. Cheveux coupés, mais pas courts, tout
le visage rasé, figure ouverte et sociable, regard confiant,
et manières aisées. Tous deux sont propres jusqu'au bout
des ongles. A leur désinvolture, ce sont deux Napolitains.

À leur contenance, ils ignorent qu'aucun phénomène extraordinaire ait lieu.

Les roues tournent. Dans le bruit de la première ondée, le capitaine s'avance sur le tambour de tribord et crie encore un ordre, avec un geste, à *la barquette* qui est au large. Mais je ne la vois pas. Est-elle peut-être voilée par quelque colonne de fumée, que je ne vois pas non plus.

Les trente-deux dents du capitaine ornent une bouche en excellente santé. Je le vois parler italien, j'écoute : — la distance était — trois cents kilomètres !

Le lustre de ses yeux bruns énonce sa satisfaction que son ordre a été compris. Il descend du tambour; puis l'officier descend aussi. La tente couvre tout.

Pas un oiseau, pas un papillon, n'accompagne ma solitude. Pas un ver ne se tord sur la croûte de ce roc que j'ai vu jadis couvert de forêts dont le pied se baignait dans le golfe. J'étais seul !

Sorti du détroit par l'Est, le navire tourne au Sud, et longe le méridien vers le sud de la Sardaigne. Il semble faire pour Tunis. — Malle régulière de Marseille !

Sans changer de dimension, il devient de moins en moins distinct à mesure qu'il approche le sud de la Sardaigne. Et je prévois qu'il va se raréfier et disparaître. Car les rives de cette zone et celles des Deux-Siciles et celles de Tunis me paraissent moins distinctes. Je ne trouve la fumée ni du Stromboli, ni du Vésuve. Et les Baléares d'abord visibles, disparaissent sous mon regard, quoique les caps Nao et Palos soient distincts.

Les montagnes d'Europe sont une large masse d'égal niveau, un champ de crêtes, qui occupe une grande proportion du continent. Toutes s'abaissent et permettent la perspective de la sphère,.déroulée et étalée en plaine horizontale.

L'océan Atlantique, sans vagues, calme, bleu resplendissant, inspire un sentiment de richesse. Il semble fait pour le passage des cargaisons. Il est grand. Mais il n'est pas infini, comme il apparaît aux mères des jeunes marins. Il y a une rive de l'autre côté! Et ses détails les plus minimes attestent le soin des peintres qui nous les ont rendus familiers.

Le cap Farewell, au bout du Groënland, se montre avec cette pleine clarté sans ombres qui précède le soleil levant. Le cap Race en Terre-Neuve est doucement éclairé par l'aurore, qui y séjourne demi-heure avant d'aller poindre vers la côte du Labrador, où la nuit règne encore. Et la côte occidentale du Groënland participe à la clarté jusqu'à la 73me latitude.

Le Groënland dont la côte S.-Est est une table horizontale, montre les nombreux ruisseaux qui entaillent la crête de cette falaise, et qui sont bordés de quelques petits lisérés de glace; mais la masse est libre de neiges.

Les îles posées dans la mer paraissent enchantées. Elles brillent d'une splendeur céleste dans cette création grandiose et divine. Ni fumée ni vapeur ne trahissent l'Hécla ou les Geysers en Islande. La ligne de contact du bord de l'eau avec les côtes reluit avec un surcroît de lumière et un lustre enchanté et féerique, enrichi d'une teinte d'azur; comme si les rayons réfléchis du fond de l'eau augmentaient la lumière des rayons directs. Les autres rivages produisent aussi cet effet. Et tout le tableau donne un sentiment de satisfaction, de plénitude, de splendeur, comme au matin après la création.

Le Groënland continue à suivre le méridien du cap Brewster, environ 20° O. de Greenwich, jusqu'à une latitude où il est limité par un canal qui le sépare du Plateau polaire. Ce canal suit la latitude en ligne droite, et traverse la largeur du Groënland d'une mer à l'autre. Quoique je n'aye aperçu son bout occidental que sous l'obscurité, sa forme m'a persuadé qu'il communique avec la mer de Lincoln à l'Ouest. Le Canal, de terre glaise bleu-gris, est deux mètres plus haut que la basse-mer. Sa largeur, disant au hasard, est 1 ¹/₂ à 2 kilomètres. La marée montante doit donc passer d'une mer à l'autre; et la haute mer fait du Groënland et du Plateau polaire deux continents séparés.

À l'Est du Groënland, le Canal continue à suivre en ligne droite la même latitude, et forme *une plage* à angle droit avec la côte orientale du Groënland, et donne à la mer du Spitzberg la forme d'UNE ÉQUERRE, dont le milieu du grand côté est occupé par le groupe Spitzberg.

LA PLAGE arrive à la longitude 30° E. au pied d'un mur qui est formé en angle droit, et qui porte le Plateau polaire. Un côté de l'angle droit continue la ligne droite de la plage jusqu'à 45° E., où il tourne par un angle un peu obtus, et, de ce point part une ligne droite parallèle à le Sibérie, et formant le bord septentrional de la mer de Sibérie, et qui est visible du haut du cap Chelyuskin. Le second côté de l'angle droit suit le méridien 30° E. depuis le bord de la mer jusqu'à 3 ou 4 kilomètres vers l'intérieur du continent polaire. Ici, soit que la plage s'élève soit que le plateau déclive, les deux surfaces deviennent une seule.

Le plateau semble soulevé en une seule pièce, déclivant légèrement vers le Groënland jusqu'au Canal, qui est une partie du Plateau, et qui, s'appuyant contre le talon du Groënland, n'a pas pu se soulever ensemble avec le reste du plateau.

La ligne droite suivie par le Canal, la Plage, et le Mur, du 70° O. au 45° E., n'aurait pas été plus exacte et géométrique si elle avait été coupée artificiellement par un ingénieur.

Au point de contact de la plage avec l'angle du mur en 30° E., et à un mètre du bord de la basse mer, se trouvait, à sec sur le rivage, UN MONCEAU DE GLACE mélangée de couches ou stries de fange, (packed ice), en forme d'une demi-sphère, dont une taille franche au couteau ne laissait plus que la moitié septentrionale, soit un quart de sphère, ou, en termes de cuisine, un demi-pâté, aligné au cordeau avec le mur marin qui longe du 45° au 30° E.

DANS LE MILIEU DE CE PLATEAU EST — LE PÔLE. —
Je suis le premier qui l'ait vu!

Le rivage du Plateau polaire traverse, en latitude, le méridien du Spitzberg, et est éloigné au nord de ce groupe à peu près autant que la Norvège en est loin au sud.

Le chemin pour y atteindre est en *côtoyant* le Groënland.

Et ce serait ici, à l'angle de la montagne du Groënland, le lieu de débarquement pour celui qui se croirait capable de porter sa nourriture jusqu'au PÔLE, soit jusqu'au *milieu du* PLATEAU POLAIRE, si toutefois on persiste à pénétrer par le côté européen. Car, la mer du côté opposé étant plus ouverte et sans îles, ou glacière, ou obstacles à la navigation, il serait possible de pénétrer par le détroit de Behring, et de faire directement pour le Nord jusqu'à ce qu'on aperçoive la côte; alors biaiser à droite, soit à l'est du méridien de Behring, pour chercher un lieu de débarquement. Toutefois je dois ajouter que je n'ai pas vu si la côte qui regarde l'Amérique, soit la Polynésie, présente un point de débarquement : tandis que le mur est inabordable à l'ouest de ce méridien jusqu'à la mer du Spitzberg. A l'angle de l'équerre du Spitzberg, là où la montagne Groënland cesse soudain, formant un angle qui regarde Est et Nord, il est praticable de creuser une CAVERNE *pour station* dans la falaise ou le flanc de la montagne à demi-kilomètre de l'ancrage du navire. Caverne accessible à pied depuis le golfe le plus septentrional du Groënland qui est en lat. 82° ou 83°, d'où la côte suivant vers le Nord est une falaise avec un talon et une crête horizontale identique à celle de la côte S.-Est.

L'angle de l'équerre, soit le coude du rivage qui fait face au Spitzberg recule un peu en guise de baie. Et, dans le printemps général, ce fond ou baie est recouvert d'une feuille de glace de moins de vingt centimètres en connexion avec le champ de glace qui borde la côte jusqu'à l'angle du mur 30° E. La marée était alors basse; car le monceau même sa base était hors de l'eau, et le champ était moitié flottant et moitié posé à terre sur la plage peu inclinée.

La nudité de l'argile et sa surface labourée de sillons parallèles au rivage, semblait indiquer que la marée monte à distance sur la terre. A en juger par la hauteur du *monceau*, coupé verticalement, la marée doit s'élever de cinq à six mètres. C'est aussi le niveau du bord de la mousse.

Le *monceau* et le champ de glace étaient coupés franc, comme par un couteau, parallèlement au bord de l'eau, en ligne directe avec le mur qui longe du 45° au 30° E.

Cet alignement doit avoir été coupé par un courant parallèle à la côte, car une marée de front aurait sousminé le monceau et ébréché ou dentelé le champ. A marée basse il y avait calme plat. Mais, jugeant par la coupe de la glace, je ne serais pas surpris si la marée montante forme sur la plage un courant de l'Est vers le Groënland.

A part ce petit champ, la mer blanche et celle de Sibérie, la seule glace qui fût dans le Cercle Polaire, était la — GLACIÈRE DU SPITZBERG.

Ce jour-là, en cette saison exceptionnellement chaude, la glacière était en forme de triangle isocèle, dont la base était sur le groupe du Spitzberg, et la pointe effilée touchait le rivage du Plateau Polaire, en continuation avec le champ de glace au bord de la plage. Et la pointe était fondue en un chenal suffisant pour le passage d'un navire le long du rivage.

Cette glacière congèle le Spitzberg et lui donne un aspect de frimas qui fait reculer d'horreur. A part cela, toute la mer était bleue, ouverte et attrayante, sans glaçons, ou rocs, ou obstacles.

Le méridien du Spitzberg n'est susceptible d'être traversé nulle part, excepté au contact de la plage polaire, — *lorsque* — ce chenal y est ouvert. Dans cette grande *baie* ou équerre, dont le Spitzberg occupe le centre, le navigateur doit éviter le Spitzberg et son méridien, soit sa glacière. Il doit faire pour la côte opposée, et la suivre *sans jamais la perdre de vue.*

La mer de Kara formée par la Nouvelle Zemble était glacée sur sa moitié occidentale. Et l'Obi était navigable. la Mer Blanche justifiait son nom par une neige légère et virginale qui paraissait récente.

A un coin occidental de cette mer, la glace avait été brisée. Et les pièces restaient inclinées, de façon qu'un bord plongeait, tandis que l'autre bord était superposé sur la neige de la pièce voisine; ou même élevé encore plus.

La glace me parut près d'un mètre d'épaisseur, transparente, et d'excellente qualité commerciale. Les fractures à angles vifs brillaient au soleil avec un reflet irisé.

La mer de Sibérie était couverte d'une seule nappe de glace, épaisse de dix mètres, couleur cérulée comme celle des glaciers, qui, alors à marée basse, faisait voûte et laissait dix mètres d'espace jusqu'à la surface de l'eau.

A part cela, il ne restait alors aucune trace de glace ou de neige, dans tout le cercle polaire, qui montrait un aspect de fraîcheur et d'heureuse renaissance au retour du soleil semestriel. Bien différent des quatre ans de 1830 à 1834, lorsque sir John Ross fut obligé d'abandonner ses navires, et s'en retourner à pied vers le Labrador.

LA MARÉE — n'avait pas encore atteint ces régions lointaines, tandis que au large de la Norwége, et parallèle à sa côte, elle montait de l'Atlantique avec un courant visible et si rapide que des rides se formaient en demi cercles à la surface, comme sur une rivière limpide. C'était un large fleuve qui traverse la mer, comme s'il suivait un godet ou chenal de rocs sous-marins. Il m'a semblé que ce fleuve doit arriver à la table qui porte la Nouvelle Zemble et qui le biaise vers l'Angle du Plateau, où il tourne à l'Ouest, suit le rivage de la Plage Polaire, jusqu'au Coude du Groënland, où il n'arrive que lorsque la marée de Norwége redescend; alors la nappe de tout le Golfe se dirige au Sud.

En Sibérie, il n'y avait aucun vestige de glace ou de neige, à part quelques très minces filets le long des rivières. La Léna dessinait son cours avec sa courbure à Jakutsk, où *cette saison si chaude* est peut-être — *enregistrée.*

L'île Herald était dans une large mer ouverte et navigable. La mer d'Okotsk, le Kamschatka, le détroit de Behring recevaient une lumière amoindrie qui devenait de l'obscurité à la lisière des îles Aléoutiennes, dont la majorité étaient acquises au crépuscule, tandis que les trois ou quatre plus méridionales étaient visiblement la proie de la nuit. Et l'œil ne pouvait plus que deviner leur position par la *scintillation de leur obscurité.*

Les premiers rayons de l'astre du jour annonçaient sa venue avec un lustre indicible sur les sommets des hauts rocs nus de la pointe Barrow et du cap Franklin. Et la diffusion de la lumière répandait une lueur naissante sur les basses terres du littoral américain à leur Est, et, se fortifiant sur les terres conquises, envoyait ses espions et ses voltigeurs monter le long des rivières Mackenzie et des Mines-de-cuivre, pour éclairer le lac de la Grande-ourse et un couple d'autres lacs, et les pelouses humides de ces latitudes plus méridionales du continent américain, où le domaine de la nuit ne pouvait plus être molesté par les avant-coureurs du soleil, à trop grande distance de leur source de provisions.

L'aurore entra par le côté de Sibérie, et progressait en glissant dans la direction vers la terre de Banks, dont elle atteignit d'abord le rivage occidental, et s'y fortifia, avant de procéder à expulser la nuit du rivage oriental. Ce qu'elle fit en même temps qu'elle visitait l'île du prince Patrick également par l'occident.

Ce qui ajouta de la confusion à ma surprise, habitué à la voir engrener sa roue sur les méridiens qui se présentent à la suite l'un de l'autre, à un lever de soleil journalier.

Mais le pôle laisse courir l'équateur, comme l'écuyer son cheval autour du manége, dont il occupe le centre. Et la lumière envahit le cercle polaire transversalement, en guise de planchette à tiroir qu'on glisse sur une boîte comme couvercle, indépendamment de la rotation diurne, ici très faible. Et, comme le lever du soleil ne s'y fait qu'une fois par an, les mots — matin, soir, orient, occident, n'existent plus.

.C'est dans le pays des Samoyèdes que la céleste aurore, passant par-dessus le sombre crépuscule, qui se baissait, en courbant son échine, sur la terre de Sibérie, commença sa traînée joviale au travers des régions encloses dans le cercle polaire, dont je vis évincer la nuit, pas à pas, jusqu'à l'île du Prince Patrick.

Ainsi le cercle polaire est initié au semestre de clarté. Mes yeux assistaient à la naissance de ce long jour de six mois et accompagnaient la lumière dans sa première visite aux diverses régions successivement. L'une après l'autre, affranchie de la nuit, participait à sa gracieuse venue. Et nulle part le moindre vestige de neige ou de glace.

Oh! combien c'était beau! Une fraîcheur universelle! calme et sans éclat! une terre vierge! avant le Règne végétal, dont un riche tapis de mousse indiquait le principe fécond.

` Il ne me restait plus qu'à saluer, à son réveil matinal, en ce seul matin de l'année, la zone comprise entre la terre de Banks et la baie de Lincoln, non encore délivrée de la nuit. Et je regrette de n'avoir pas attendu encore une demi heure, que les rayons de Phœbus y aient pénétré et imprégné la fraîche rosée, et complété le bonheur du cercle entier. Mais si j'avais suivi, avec trop de constance, l'aurore à l'occident, j'aurais continué à perdre le crépuscule à l'orient. Mes regards avides se tournèrent donc vers l'Est, pour soustraire au secret ce que la nuit menaçait de voiler pour toujours.

.Dans cette direction, par delà le champ des montagnes européennes, s'étalent les vastes plaines de la Russie, qui atteignent à la base de l'Oural. Et, de l'autre côté de l'Oural, l'immensité de la — PLAINE ASIATIQUE — étonne, mais ne réjouit point.

Ce vaste océan de stérilité se divise en deux gisements géologiques. La moitié septentrionale est une vaste prairie d'aspect argileux, qui ne présente guère de déclivité à ses rivières. Et ses étangs reposent dans une plaine où la végétation semblait peu avancée.

La moitié méridionale est le grand désert Kobi ou Schamo, dont le sable remplit l'espace entre la glaise de Sibérie et la base de l'Ilimalaya, et semble comme superposé à ces deux. Et les trois ensemble s'associent pour former un triple empire de tristesse sans intermittence.

Entre l'Oural et le Kobi se trouve intercalée une immense — FORÊT DE SAPINS; — un triangle rectangle, dont l'hypoténuse borde le désert, et le moindre côté suit la latitude qui borde la Sibérie, et le troisième côté suit le méridien oriental de l'Oural, et la longue pointe va au sud vers les plaines des Kirghis.

Dans une petite clairière vers le nord de la forêt, la manière d'être de ce bois se révéla à ma vue. Comparés à la dimension (dirons-nous à l'âge?) de la forêt, les arbres sont petits, de croissance lente, et promettent un excellent bois pour instruments de musique. Ils sont sains, vigoureux, bien fournis d'aiguilles vertes, qui sont alignées avec régularité, distinctes, cylindriques avec une rainure longitudinale. Ces sapins diffèrent de ceux des alpes par la forme et la longueur des aiguilles et par la régularité des branches qui commencent à demi mètre du sol. Sous un arbre la terre était jonchée d'aiguilles brunes : mais j'en remarquai l'absence sur les branches, où les bourgeons, ou pousses printanières, longues de cinq à sept centimètres, avaient la pointe et la base couvertes de calices à sépales brunes. En vain cherchai-je quelques cônes de sapins, et, ajouterai-je, quelque animal. Pas un monceau de fourmis dans la clairière, pas un chameau dans le désert, pas un ours blanc dans les régions boréales. Le règne animal n'existait pas. La paix, le calme, la splendeur, inspiraient la satisfaction et la vénération ! J'étais seul !

A la lisière de la forêt, et sans intervalle, est — LE DÉSERT. — Une interminable continuité de bruyère brune, aride, avec de nombreuses branches terminées par des pommeaux à fleurs blanches, mais pas piquants comme ceux des chardons ; haute d'un mètre, et trop dure pour céder sans blesser le pied d'un triste chameau. Un vaste champ de désolation dont la vue sèche l'âme. Vers la partie orientale du Kobi se trouve une dépression, comme un lac sans eau, et une clairière dans la bruyère montre la qualité du sable ; de gros grains jaune-ocre, avec une large tache de rouille de fer.

A la lisière orientale du Kobi, le champ de bruyère se termine en ligne droite sur le méridien ; et il est bordé, à l'Est, par une large bande de sable nu, sur lequel s'élève un ÉPAULEMENT comme d'une grosse FORTIFICATION, d'aspect artificiel et en bonne conservation.

Ce doit être une partie du grand — MUR DE CHINE. —

C'est un grand ouvrage, avec un angle droit, faisant face ouest et nord. Son plan incliné, moins escarpé que ceux des fortifications européennes, est couvert d'une plantation de vigoureux et robustes bambous à nœuds.

Fussé-je appelé à deviner la mesure d'un de ces bambous, je supposerais un diamètre de dix-huit centimètres, et de un et demi à deux mètres d'un nœud à l'autre, et sept à huit mètres de longueur totale.

La couleur est jaune-paille foncée, mais aux nœuds, la couleur est éclaircie, répandue et irisée, et une ligne de vert délicat apparaît dans l'interstice du nœud d'où dépendent quatre longs filaments, comme restant des deux feuilles de l'année précédente, et indiquant qu'elles croissent par paires à chaque nœud, tournées Nord et Sud. Tous les bambous étaient plantés avec l'onglet du nœud tourné contre l'assaillant.

Sur l'épaulement occidental il n'y avait alors sur chaque bambou qu'une seule feuille au sommet, horizontale, longue comme deux hommes, avec une seule vertèbre médiale longitudinale, et le pédoncule très court. C'était celle des deux feuilles qui pointe vers le Nord. Au milieu de la plantation était une éclaircie comme d'un coup de vent.

Les plants sont proches d'un mètre, et les feuilles se superposent et forment une épaisse cloison, sous laquelle le terrain était absolument nu, sans herbe ou feuilles sèches ou détritus. Lorsqu'en été les feuilles encombrent les plants, un homme ne pourrait y pénétrer qu'en rampant. Et la largeur de la plantation est cinq a six fois plus qu'une flèche ne pourrait atteindre.

C'est de la terre argileuse, couleur de celle de Londres, apportée sur la plaine de sable et rangée avec géométrie, méthode et précision. Travail dont l'immensité étonne !

Cet angle nord-ouest de la Chine était — *la limite du télorama* vers l'Est. La lumière du soir diminuait rapidement sur la puissante végétation de cette fortification.

Au nord de cela, en Tartarie, le sable de même qualité que celui du Kobi, dont il est la continuation, forme encore des déserts qui toutefois diffèrent du Kobi en ce que le sable est nu, sans bruyères. Ces déserts s'introduisent parmi des dos de montagnes (car ce ne sont pas des chaî-

nes), sur lesquels le crépuscule devenait de plus en plus
obscur, à mesure de son élévation sur la montagne et de son
éloignement vers l'Est, où il prenait le nom de ténèbres.

Lorsque d'abord j'étendis mes regards vers les distances
en Orient, d'emblée je vis que la grande Plaine Asiatique
s'étend jusqu'à une ligne de latitude méridionale, où com-
mence une élévation considérable qui limite le *télorama*
du côté du sud. L'ÉLÉVATION est uniforme, et culmine,
comme si on soulevait la nappe sur la table, en mettant le
poing dessous; mais avec une rondeur sans plis, comme
ballonnée par l'insufflation du vent.

Je cherchai sur l'ardoise de ma mémoire les traces qui
se réfèrent à la géographie, à la physique, au mirage. Ce
ne fut qu'après avoir contemplé, l'ensemble du tableau que
l'idée me surgit que ce n'était autre que — l'HYMALAYA.

Comment aurais-je pu le deviner plus tôt, alors qu'à
l'école il m'avait été enseigné sous la dénomination de
montagne, et même de chaîne, tandis que ce n'est que le
continent lui-même qui est élevé !

Mais je dois reconnaître que, en effet, il ressemble, oui
il est — UN MONT ! — Mais, quelle immensité !

Sa hauteur de neuf kilomètres est bien appréciable. Et,
après qu'on l'a vu, les autres montagnes perdent leur inspira-
tion de grandeur. Toutefois, leur comparaison aux *aspérités
d'une orange* n'est point correcte, et doit être mise à l'oubli.

Ce géant sans rivaux, qui ne risque pas de perdre l'équi-
libre, semble ennuyé de sa sécurité et de sa superbe grandeur. Et, sourcilleux comme un — MONS UNIGENITUS, —
il semble contempler l'affreux désert étendu à ses pieds,
comme si c'était lui qui l'avait dévasté, et passer ses siècles
à maugréer dans son *spleen*.

Sa large base s'étend depuis le golfe Persique jusqu'en Chine. Cet espace géographique s'élève d'une seule pièce, avec une surface uniforme, en pente douce. La partie la plus élevée n'est qu'une continuation de la rondeur. Mais il n'y a pas, comme en Europe, un socle superposé et assez petit pour servir de piédestal à un grand homme.

Toute la masse est *une seule surface de pierres cassées*, de toutes grosseurs, depuis le cube d'un quart de mètre jusqu'à celui de 50 mètres, qui est rare. Sans un sentier, sans une place pour le pied d'un homme, sans aucun vestige de végétation ; ce mont chauve est sans un pic, ou une dent, ou une corne, — sans une vallée, ou déchirure, ou fente, — sans un ruisseau ou une mare, — sans un bouton de mousse sur une pierre.

Tout ce TAPIS DE PIERRES CASSÉES, s'étendant du sommet à la base, sont d'UNE SEULE ESSENCE GÉOLOGIQUE; de couleur grise et de granulation fine, ayant quelque peu de ressemblance avec de la molasse, mais sans aucune ressemblance avec le gros sable jaune du Kobi. Et ce n'est pas de la Lave.

Je ne parvins pas à y trouver *aucune trace de* GLACIER, ancien ou moderne, aucune moraine, remblais ou frottement. Et il n'y avait pas un seul flocon de neige ou de glace ou D'HUMIDITÉ, tandis que les sommets européens en avaient. Est-ce donc que le *mont unique* n'invite pas les nuages à se liquéfier sur son flanc septentrional? Est-ce que la configuration des montagnes d'Europe, différant par le nombre de leurs pôles ou de leurs faces magnétiques, attire ou produit l'humidité différemment des autres continents?

Bordant la base du MONT, le *Golfe Persique* se range en vue. Et au delà s'ouvre la — MER DES INDES —

Mes yeux plongent dans l'espace. De prime abord il m'apparaît vide, comme m'avait paru l'Atlantique lorsque le méridien de Cadix me semblait une limite suffisante pour mon extase. Mais ici, comme là, l'Espace avait un aspect inaccoutumé. Il me paraissait qu'un *vide uranique* remplissait ou occupait un *espace sidéral*, où, en plongeant un télescope plus puissant, on a la chance d'apercevoir un firmament plus lointain. Je fixai donc mes regards.

Bientôt quelque chose brillamment éclairé surgit dans le tableau. C'est — SUMATRA, — une longue montagne qui reçoit les rayons du soleil descendant, perpendiculairement sur la face de son versant occidental, qui en est illuminé avec éclat. Et Java de l'autre côté du détroit. Et l'archipel de la Sonde. A l'Est de la presqu'île Malacca, Bornéo est éclairé, mais son illumination n'est pas aussi brillante que celle de Sumatra, dont le méridien est plus proche dans la direction du soleil. De même, le golfe Carpentaria, en Australie, est éclairé du soleil jusqu'au cap de sa corne orientale.

Quelle singulière lumière est ce qui reluit dans le lointain sur l'Océan Pacifique? Ce genre de clarté est nouveau à mes yeux! Ce n'est pas de la lumière solaire, et ce n'est pas la nuit! Une clarté suffisante, et même copieuse, quoique sans éclat, doucement uniforme, précieuse aux yeux faibles, illumine agréablement et sans variation la latitude, dans laquelle la blanche O'Tahiti est proéminente, et tout l'océan Pacifique, entre les îles Sandwich et la Nouvelle-Zélande.

Sans doute — LA LUNE — que je n'ai pas vue, était dans cette partie de l'hémisphère : et, aidée peut-être des astres que je n'ai pas vus non plus, desservait l'égalisation de cette moelleuse lumière sans ombres, dont l'aire, plus petite que la partie illuminée par le soleil (vu que la lune est plus proche de la terre), suffisait à remplir une pa:tie de l'espace qui était, de droit, le domaine de la nuit.

De l'autre côté de l'aire sublunaire, vers le côté oriental du Pacifique, la jonction des lumières lunaire et solaire ne laissait aucune place à l'aurore. Et sur un méridien Ouest du groupe des Galapagos, disons le 105° Ouest de Greenwich, la lumière solaire brillait avec éclat et faisait une démarcation distincte entre le rayon direct et celui qui se fléchit autour du grand cercle de la sphère.

L'Amérique du sud, de Panama au cap Horn, se mon-. trait aussi avec son caractère spécial. Du sommet des Cordillières des Andes un peu au Nord de Quito jaillissaient les rayons fins et irisés d'une lumière pure, diamantine, comme des aigrettes de fils de verre très soyeux. Leur finesse était excessive ; et leur longueur soutendait à mon œil un angle de 45°.

Sans doute l'élévation du soleil combinait son angle avec l'inclinaison septentrionale du sommet des Andes pour réfléchir, dans une direction favorable à mes yeux, les dards des facettes cristallines de grandes étendues de nitrate de potasse ou autres sels ou cristaux minéraux. L'angle de réflexion de ces rayons remplissait un cadran de leur zénith jusqu'à 45° vers l'horizon dans la direction N.-O. Le champ de diamants est donc sous l'équateur.

Le Rio de la Plata s'élargissait en longeant lentement son méridien. Et le cap Saint-Roque, à côté des basses terres des Amazones, s'avançait dans l'Atlantique, où les îles du Cap Vert semblaient solitaires comme des sentinelles avancées du continent Africain.

L'Afrique était bien éclairée. Mais son illumination n'était pas éclatante. Il semblait que son sol ou sa végétation était plus sombre et moins réverbérante. Excepté le sable du grand désert, qui est de la couleur des sables d'Europe, tout le reste était d'un vert plus brun et sombre que celui de la végétation européenne. Et les montagnes, dans les parties où il n'y a pas de forêts, sont d'un bleu foncé ou brun obscur. Le soleil était alors plus d'une heure à l'occident de la Corse.

La ligne de son littoral, au bord de l'Atlantique, était bien définie avec un surcroît de lustre azuré réfléchi du fond de l'eau. Voilà bien le Portugal et son fleuve le Tage, la baie de Cadix et l'île de Tarifa, Tanger et le Maroc, cap Blanco, les Bissagos, le golfe de Guinée, caps Negro et Frio et de Bonne-Espérance et les Aguillas.

Et une GROSSE ET PUISSANTE MASSE MONTAGNEUSE occupe tout ce continent, à la seule exception de la *grande plaine verte* entre le *cap Frio* et le *golfe de Guinée*, dont la végétation est vigoureuse avec de grosses feuilles, et des palmiers s'élançant au-dessus de plantes tropicales en foule; et aussi la *grande plaine de sable du* SAHARA, où Tombouctou est le point de croisement d'un couple de longs sentiers qui traversent le désert. Le chemin traverse du Sud au Nord cette ville dont les maisons sont grises comme des toits de chaume et sont attenantes à des cours carrées dont les murs sont blanchis à la chaux.

Un gros dos s'étend depuis le cap de Bonne-Espérance et continue en augmentant de puissance jusque vers l'Abyssinie, à mi-chemin entre la côte de Guinée et celle d'Alexandrie, où il culmine en une énorme masse.

De ce gros dos partent trois ou quatre grosses projections se dirigeant vers la côte occidentale, dont elles atteignent le littoral. Et du mas culminant partent deux principales projections. L'une vient former la côte septentrionale du golfe de Guinée, jusqu'aux Bissagos, l'autre, plus courte, va joindre la chaîne de l'Atlas. Entre ces deux longs bras sont aussi deux promontoires ou éperons de puissante dimension et de couleur bleu obscur et en grande partie sans forêts, qui s'avancent escarpés sur la plaine de sable, dont une portion forme demi-cercle entre les deux. Leur base surgit du sable du Sahara, sans l'intervention d'aucune lisière ou escarpement. La Plaine du Sahara n'est pas immense lorsque comparée à la Plaine Asiatique. Elle n'est pas couverte de bruyère comme le Kobi. C'est un sable nu, de grains plus fins et de couleur moins ocre, et il inspire une sécheresse qui donne la soif, comme les sables en Europe auxquels il ressemble.

Mais il n'en est point de même de l'Afrique, dont ce désert n'est point le type, mais au contraire une exception.

L'Afrique n'a pas une pluralité de montagnes. C'est une grosse élévation massive et sans pointes ou sommités, un soulèvement dont la découpure diffère de chacun des autres continents. Elle est très boisée, de grandes forêts ou plutôt d'un boisement général d'arbres, dont les branches sont en bouquets ronds comme les châtaigniers et les dicotyledones ou exogènes, d'un vert brun obscur, tandis que dans les plaines sont des grandes feuilles larges tropicales. La diversité du climat se laisse juger par celle de la végétation et par l'élévation de la région.

L'influence du soleil y paraît puissante, mais non malfaisante ou aride. Au contraire, les forêts n'y ont pas encore été coupées pour subvenir aux dépenses de la guerre. Et la logique des hommes n'est pas encore venue en aide à la simplicité de la nature. C'est une végétation riche, luxurianté. La main du Créateur n'y a pas encore été corrigée, ni son œuvre améliorée.

Emerveillé, accablé de ravissement, je ne restai plus

longtemps à contempler. Je ramenai mes yeux que mon âme extasiée ne pouvait plus suivre. Ils avaient vu *le tour du monde, tout l'équateur et les deux cercles polaires.*

La seule portion du globe que la nuit ait voilée à mes yeux, outre le Pôle Austral, était l'espace contenant la Chine et l'Amérique septentrionale entre les latitudes depuis la chaîne des îles Aléoutes jusqu'aux îles Sandwich. Au bord de l'obscurité qui voilait ce dernier groupe, sa principale, O'whyii, prenait cet aspect de sombre solitude que donne la nuit tombante.

> Gli occhi in giù volse, e in un sol punto e in una
> Vista mirò ciò ch'in sè il mondo aduna.
>
> Tasso, Gerus., I 7.

Rebroussant chemin, mes yeux passèrent rapidement sur les Antilles, la grande île Cuba et la presqu'île de Floride, car ils étaient forcément attirés par les rayons soyeux et vifs dardés par les cristaux sur les Andes. De nouveau je vis, dans la lumière veloutée de l'aire sublunaire, Tahiti qui s'élève sur le plan liquide comme un diamant sur un anneau, les Célèbes, et Sumatra la belle.

L'île de Socotora retint mon attention par sa couverture touffue d'arbres dont la forme et la singulière couleur gris cendré lui donnent une apparence de zone torride. Et généralement les parages de Bab el Mandeb avaient un aspect de rôtissoire, comme si l'atmosphère avait pris une teinte rougie au feu. L'île Socotora et le golfe d'Aden, jusqu'au cap Guardafui et au détroit de Bab-el-Mandeb, étaient occupés par une atmosphère torride, et limitée comme un brouillard. La surface supérieure de ce flocon d'atmosphère était élevée deux ou trois fois autant que la hauteur de Socotra sur la mer. Et, si mon souvenir est correct, une diffraction irisée de la lumière avait lieu à la surface supérieure, et m'en fit connaître la limite. C'était le seul flocon de ce genre dans le monde.

Enfin l'Abyssinie montra sa masse, de la dimension des Apennins, sans côtes ou vallées, avec une rainure le long de sa crête. La région à l'occident de l'Abyssinie est également élevée. La partie culminante de la grosse masse montagneuse d'Afrique m'était voilée par l'Etna, et la partie du Sahara par l'Atlas, de sorte que je n'ai pas vu à moindre distance, dans la direction du méridien, l'Afrique, qui se montrait au bout lointain de l'équateur lorsque je regardais vers l'Est. Dans cette même direction, ensemble avec l'Afrique, je voyais aussi le Portugal, qui m'avait refusé la vue de son littoral lorsque je le cherchais à moindre distance vers l'Ouest.

Ceci indique que, dans un jour *d'amphiorama*, lorsqu'on aperçoit sur le tableau un ciel, soit une atmosphère, semblable à de l'espace sidéral, la région qui en est couverte — *est visible;* — et que si on ne la trouve pas dans la direction simple, on a encore la chance d'en obtenir la vue par une autre direction.

Selon son étymologie, — TELORAMA — signifie une vue à distance. Mais comment désigner cette autre vue jusqu'ici inconnue, la *Vue de toute la Sphère en même temps?*

Dirons-nous — AMPHIORAMA? —

Le miroir qui déroulait le globe et l'étalait en plaine horizontale était-il à grande distance, à la surface extérieure de la sphère atmosphérique en repos absolu?

Et était-il réverbéré par une série de miroirs?

Le premier miroir doit avoir été — *proche* — des objets, pour en conserver — LA DIMENSION?

LA DISTANCE — apparaissait naturelle, comme à de bons

yeux. De même aussi *la Projection et la Perspective*, quoique contre les règles de l'art. C'était une *Planisphère*, dont les objets lointains avaient la même dimension que ceux au premier plan, et qu'un peintre ne saurait reproduire. La lumière se prête-t-elle à la photographie?

C'est dans la direction horizontale que se sont montrées les grandes distances. Et la Méditerranée s'étalait comme un lac. Et je regardais de haut en bas lorsque j'aperçus, au bas de mon rocher, les trois yachts près de la Pointe del Mescolo, dont je devinai la situation; et je remarquai que — *celle côte était* INVISIBLE *quoique proche.*

Dans l'*amphiorama* du globe, j'ai vu, développé en une seule ligne horizontale, le cercle entier de l'équateur.

J'ai vu, à la moindre et aussi à la longue distance, les Iles britanniques et le canal de la Manche et la mer de Gibraltar vers *Malaga* et le cap de Gate et la Sardaigne et l'Italie, et le cap Guardafui et les Maldives et Sumatra.

Mais à longue distance la dimension des Iles britanniques était plus petite. Et je n'ai pas attendu qu'elle ait grandi dans mes yeux, comme avait fait, dans le principe, l'Etna, dans la même proportion, lorsque je le prenais pour Capri. Proportion semblable à celle d'une flamme d'éclairage régardée par une petite fente dans un écran.

L'Amérique et les Galapagos n'exposaient pas leurs minimes détails assez distinctement pour que je pusse en reconnaître la végétation. La position du soleil étant au-delà des objets, l'effet optique en est de diminuer la visibilité.

A Socotra, la dimention et la couleur de l'île et l'apparence de l'atmosphère étaient la même aux deux distances soit aux deux bouts de l'équateur.

J'ai donc vu dans la même direction du tableau, deux

îles Socotra séparées de 360 degrés, soit 40 millions de kilomètres. Et étant dans le méridien de la Corse, il s'ensuit que j'ai vu non-seulement LE CERCLE COMPLET, mais même 50 ou 90 degrés au delà.

De même donc que la définition du cercle est *une ligne sans bouts*, ainsi la sphère déroulée, LA PLANISPHÈRE EST UNE PLAINE SANS LIMITES. Car *ma vue ne fut point arrêtée par une limite*. Mais, apercevant l'infinité, je retirai les yeux et m'en allai, m'interrogeant sur la santé de mon esprit, et sentant ma solitude.

Je n'ai pas vu d'*étoiles* dans la région nocturne d'O Tahiti, de la Nouvelle-Zélande et des antipodes, ni dans la nuit obscure du Pacifique septentrional. Et généralement je n'ai pas vu aucun *astre*, ni volcans, ni fumée, ni vapeur.

Aucun *nuage* ne se montra, soit qu'il n'en existât pas, soit que cela ne se réflète pas. Et je n'ai pas vu aucune *ombre* causée par des nuages sur les mers. — Sont-ce des nuages ou de la fumée qui ont voilé et fait disparaître dans mes yeux les Baléares et la barquette de Bonifacio, et le vapeur d'Irlande à Holyhead? D'où provenait cette invisibilité qui monta le long de la voilure jusqu'au pommeau des mâts des trois yachts de Gênes! et Pourquoi est-ce qu'à part Paris et Tombouctou aucune *maison* n'était visible? Est-ce qu'une auréole de vapeur ou d'air vicié plane sur les habitations des descendants de Caïn et les voile à la vue du ciel?

Je n'ai pas vu — LE SOLEIL. — Mais sa position et l'heure du jour sont déduisibles des bases suivantes.

Lorsque, dans le principe, je ne parvins pas à voir l'Atlantique dans la latitude du Portugal; cap Race en

Terre-Neuve, 45° N., 53° O., était éclairé par l'Aurore qui, sous mon regard, descendait la montagne de son sommet jusqu'à son littoral, et se logea sur les terres basses. Ensuite longeant par degrés les golfes et les baies et le rivage aqueux de Terre-Neuve, elle prit son temps pour passer le détroit sur la pointe du Labrador, où elle continua à glisser vers la baie de Sandwich. Puis au sud du cap Race, l'aurore prit également du temps pour rendre la mer visible. Après quelque patience, j'aperçus une rive, un golfe, le golfe de Saint-Laurent. La précédence de la lumière sur chaque position indiquant sa longitude relativement à la pointe voisine. C'est alors que je tournai mes regards vers le Groënland qui était éclairé d'une lumière si différente, moins grise quoique sans éclat. .

Cette position de l'aurore sur, disons, le 53ᵉ degré de longitude Ouest, assigne à la position du soleil le 52° Est de Greenwich soit environ *huit heures et demie* du matin à la Spezia, au commencement de l'observation.

Puis vers la fin, j'ai vu Nicaragua, et le golfe de Fonseca, et le groupe des Galapagos, disons, jusqu'au 100ᵉ ou 105ᵉ degré de longitude Ouest, en mer jusqu'au cercle polaire austral, non pas sous l'aurore qui était allée se joindre à la lumière lunaire, mais brillant vivement sous les rayons directs du soleil, dont, pour cela, la position doit avoir été plus de 10°, disons 15° Ouest de Greenwich, alors que son élévation se combinait avec l'inclinaison des Andes, ponr en darder ces rayons, diamantins et soyeux.

Donc le soleil a franchi environ soixante-huit degrés de longitude pendant l'observation qui a donc duré environ *quatre heures et demie*. En effet, la direction des ombres en Corse indiquait près *d'une heure* après midi lorsque je les observai.

Durant ce temps, j'allais et venais dans un couple de kilomètres, sans que le phénomène subît aucune influence de mon déplacement.

L'état de l'atmosphère, son apparence d'*espace uranique* continua tout le jour, jusqu'à l'obscurité du soir.

Je ne saurais dire tout ce que j'ai vu. Et je n'ai pas vu tout ce qui était visible. Si je n'avais pas été surpris, à l'improviste, dans la fatigue de la marche et étonné. Si j'avais inspecté et examiné avec plus de confiance en moi-même. Si j'avais reçu quelque encouragement à faire ce récit, lorsque l'impression, que le tableau avait laissée dans mes yeux, était plus récente, peut-être aurais-je pu ajouter des citations intéressantes ou utiles aux savants. Mais soudain, en présence d'un spectacle si extraordinaire, avec des révélations de physique si étrangères aux habitudes, si inconnues et incroyables, je restai interdit! Et, pour certifier que j'étais éveillé, et non pas au lit jouissant d'un songe, *j'entaillai mon nom* sur la porte de l'office de l'ingénieur, près du Fort Castellana.

Je m'en retournai, persuadé de l'inutilité de raconter une telle merveille à l'incrédulité des uns et à l'indifférence des autres, et d'attirer sur moi les clameurs de la foule, comme les nombreux martyrs du progrès; car le plus grand nombre n'ont pas l'habitude de tempérer leur jugement. Ils sont prompts à crier : — *c'est absurde*, — lorsqu'ils ne disent pas — *ça va sans dire*, — et — *chacun sait ça !* —

Tournant mon épaule gauche au soleil qui avait déjà traversé mon méridien, je suivis la crête de la montagne de marbre qui forme la longueur du golfe, et je cherchai la direction de mon domicile à la Spezia.

Après avoir quitté le fort Castellana, j'avais marché environ une heure vers le nord, lorsque je trouvai un village, dont l'église sur la crête est un excellent point de vue.

Je m'abstins d'appeler l'attention des villageois sur le phénomène, car, avant déjeuner, et avant d'avoir trouvé un sentier dans ces montagnes incultes, je n'étais pas disposé à me voir maltraiter comme *sorcier* par des gens qui, lorsqu'ils vaquent à leurs occupations, ont l'habitude de regarder devant leurs pieds et ne lèvent pas les yeux sur la belle vue. Ils n'ont pas appris quelles sont les choses qui intéressent les naturalistes, ou, s'ils le racontent à leurs voisins, ils sont si bien refoulés par le mot — *hallu-cination* — qu'ils apprennent à se taire.

Ceci serait donc resté ignoré, comme dans les siècles écoulés, ne fût-ce que j'en laissai tomber une brève parole occasionnellement à un ami. Différant de ces gens qui crient d'avance — NON — à ce qu'ils vont entendre, il m'a sollicité d'écrire.

Laissant aux savants le soin d'expliquer, je me suis borné à leur apporter le fait avec précision et concision. Et j'ai distillé chaque point à l'alambic de la certitude. Quelque révolte que cela puisse causer à ceux qui n'ont pas appris *qu'il leur reste encore quelque chose à apprendre*.

J'ai cherché à faire cette narration aussi brève et précise que l'image d'un miroir. Mais peut-être n'ai-je pas réussi à faire un récit sans fautes et à éviter toute erreur. Le phénomène est étonnant, et je le soumets à VÉRIFICATION.

Toutes mes pages sont susceptibles d'être contrôlées. La ligne régulière de navigation de Marseille aura enregistré le nombre de passagers embarqués à Bonifacio.

La Compagnie propriétaire du steamer qui, à la hauteur d'Alderney, montait de l'Atlantique par ce qui, jugeant par la position et l'attitude des navires, me parut une *marée descendante* a conservé dans ses registres à Londres et à Southampton — LA DATE — du phénomène, à une heure près. Les coïncidences de mon Rapport peuvent donc être vérifiées.

Dans les registres des *paquebots* se trouveront les noms des trois marins que j'ai vus; et ce sera une fête pour moi si on m'offre l'occasion de les reconnaître personnellement.

En Danemark, en Norwége, en Russie, des Sociétés de mineurs, de pêcheurs, de chasseurs, ont, dans les régions boréales, des stations qui peuvent témoigner de la singulière absence de neige et de glace, à une époque de l'année, si contraire aux notions reçues.

Dans les Mémoires ou Transactions des Sociétés de Géographie, doivent se trouver des renseignements sur les pays extra-classiques, leur flore, leur nature géologique, les pierres et les sables.

Les couvents dans les lieux inaccessibles de montagnes et de déserts peuvent aussi en témoigner.

Je fais appel aux personnes qui ont accès aux Registres et aux informations, de faire un Acte d'Utilité au progrès de la science, en cherchant la confirmation de ce merveilleux phénomène. J'y joins la prière, pour ma satisfaction personnelle, qu'ils aient la bonté de me faire connaître le résultat de leurs recherches.

Si ma vue — AMPHIORAMA — fut une — *hallucination* qui a duré cinq heures et qui fut la seule en ma vie, c'est assez curieux pour être noté dans les ANNALES MÉDICALES.

Si par contre — *l'exactitude* — de ce Rapport est *confirmée,* il restera aux studieux de savoir s'il leur plaît d'établir un OBSERVATOIRE DE MÉTÉOROLOGIE à la Spezia.

Et si l'observation conduit à y ajouter — *un signal et*

une route, — tous les habitants du pays auront la chance de voir — LE BOUT DU MONDE!

Après l'édition de ce Mémoire, les explorateurs du Tegetthoff sont revenus avec la découverte d'une terre. Mais ils ne peuvent pas dire si c'est un Continent ou des îles.

Interrogeant mes souvenirs, je trouve ce Groupe de quatre îles principales. Il est isolé dans une mer ouverte. Et sa distance du Plateau polaire est comme celle du Spitzberg.

Considérant les questions et les recherches sur la probabilité d'une terre ou d'une mer polaire, j'ai essayé de délinéer une Carte du CONTINENT POLAIRE ARCTIQUE que j'ai jointe à la première issue de cette brochure; mais l'imperfection de son exécution artistique m'a engagé à la supprimer.

LA MARÉE DANS LE BASSIN DU SPITZBERG

ET LE

FLOT QUI CONTOURNE LA TÊTE DU GRŒNLAND

La chorographie d'un bassin étant déterminée, la direction de la marée dans ses contours est susceptible d'être analysée. Je vais essayer de faire percevoir le plan du bassin du Spitzberg, qui n'est point une mer ouverte au pôle, et le cours de la marée.

La Côte orientale du Groënland est en ligne droite, et suit le méridien du Cap Brewster, environ 20° Ouest de Greenwich.

Outre le golfe Scoresby, près de ce cap, cette côte est coupée à égales distances par *trois autres golfes.*

Selon l'impression que je trouve dans ma mémoire, j'estime que le plus septentrional est en lat. 82° ou 83°. L'obscurité m'ayant voilé l'intérieur de ce continent, je ne puis pas dire si ce dernier golfe pourrait être l'embouchure d'un canal qui traverserait jusqu'à la côte occidentale où se trouve marqué dans les cartes un golfe correspondant à à cette latitude.

Tous ces golfes sont enfoncés entre de hautes montagnes,

et leur eau est bleue. Le plus septentrional a quelque ressemblance au lac de Lucerne par sa forme en croix et son Righi au sud, dont toutefois je n'ai vu que la base. Sa connexion avec la mer est, par une embouchure étroite, au travers d'une côte élevée en montagne. Le méridien qui limitait la lumière à l'Est coupait tous ces golfes par le milieu. Cela indique que la côte suit une ligne droite.

Au nord du golfe septentrional, la falaise avec un talon et un ecrête horizontale, est de même hauteur et apparence que celle de la côte Sud-Est. A mi-distance entre le Spitzberg et le pôle, soit en lat. 85° ou 86°, la montagne Groënland cesse soudain, avec son talon en contact avec le Plateau polaire, dont le bord déclive jusqu'au niveau de la mer. La brusque terminaison du Gorënland forme un angle qui fait face Est et Nord. La face Est étant la falaise, et la face Nord étant la montagne escarpée.

La falaise jaunie par l'atmosphère, comme avec un pigment ou une croûte, ressemble à un calcaire sec; et donne l'idée qu'à mi-hauteur entre le talon et la crête on pourrait, au moyen d'une échelle, creuser une caverne pour magasin de provisions ou logement, à l'abri des ours et de la glace.

Qu'on me permette, pour ces quelques pages, de nommer ce bout septentrional — **La Tête du Groënland.**

Le Plateau polaire est le 85e cercle qui protrude sur l'océan, porté sur un haut mur perpendiculaire, qui plonge en eau profonde sans rivage. Plus élevé que la falaise du Groënland, ce roc n'est pas si jaune, pas coloré par l'atmosphère. Il est blanc-fauve et ressemble à une pierre à bâtir usitée en Europe. Son aspect donne l'idée d'un monolithe de formation amorphe, une pâte sans couches, dure, peu perméable à l'eau, dont la congélation éclaterait la surface, sur laquelle je n'ai vu qu'une seule esquille plate, un placard de 2 mètres décollé et près de tomber. Il n'y a pas sur ce mur un creux ou un relief sur lequel un nid d'oiseau puisse être construit. Aucune accumulation de détritus ne forme un rivage à son pied. Aucune strie ou abrasion n'indique le frottement de la glace sur la surface du mur.

Le soulèvement du plateau polaire est postérieur à celui du Groënland. En se soulevant, un côté de sa surface a été retenue en bas par son appui contre le talon du Groënland.

La surface du plateau est sans interruption un tapis de mousse longue de 20 centimètres. Si la mousse croit sur la terre glaise, la couche d'argile doit être étendue sur tout le plateau ; et n'est donc pas tombée du Groënland. L'argile est donc un sédiment marin qui a précédé la naissance du plateau. Elle a été lavée de la crête élevée, et s'est accumulée au côté bas soit au canal. Probablement ce lavage ne fut pas opéré par de la pluie, mais par son passage au travers de la mer. La différence d'épaisseur de l'argile pourrait donc conduire àimaginer si le soulèvement fut prompt ou lent. En outre, fût-il permis de supposer que la nature chimique du roc fut un mélange d'alum et de chaux, l'argile pourrait être considérée comme la surabondance de la composition.

Tel qu'un bouchon partiellement expulsé par le gaz d'une bouteille, mais retenu d'un côté par le ligament, le 85ᵉ cercle protrude tout autour excepté à son contact avec la Tête du Groënland. Là, le talon du Groënland a empêché la surface du Plateau de monter, et l'a retenue au niveau de la basse marée. La ligne de bas niveau du plateau est plus longue et outrepasse la largeur du Groënland à l'Est, et probablement aussi par symétrie à l'Ouest. Je décris la partie orientale que j'ai vue.

Le rivage du plateau polaire, qui dépasse la Tête du Groënland vers l'Est, est une ligne droite qui, partant à angle droit
de la falaise du Groënland, *donne à la mer du Spitzberg la
forme d'une équerre* dont le groupe Spitzberg occupe le
centre. La côte du Groënland étant une ligne de longitude,
le rivage polaire se trouve être une ligne de latitude.

Il consiste en une plage qui s'étend de 20° O à 30° E de
Greenwich. En continuation de cette même ligne droite est
une partie du mur qui se termine au Cap polaire, environ
45° E. Le rivage entier est coupé en deux moitiés perpendiculairement par le méridien médial du groupe Spitzberg.

La distance du rivage polaire jusqu'au Spitzberg est à
peu près égale à celle qui sépare ce groupe de la Norwège.

Le cap polaire, environ 45° E de Greenwich, est le
seul cap sur le Plateau polaire. Il est un peu plus obtus
qu'un angle droit. Dès ce cap, le mur polaire, parallèle à
la Sibérie, continue en ligne droite jusqu'à, dirai-je, 140° E.
Là le mur contourne circulairement, sans cap, et suit la
ligne de latitude qui fait face au détroit de Behring.

L'obscurité m'a empêché de voir si, entre les méridiens
70° et 100° Ouest, il se trouve un cap en symétrie du cap
polaire.

La surface du plateau est plane, sans montagnes, ou
vallées, ou rivières. Sa partie la plus élevée est la crête du
mur parallèle à la Sibérie, de 50° à 130° E. De cette crête,
la surface baisse par une déclivité, à peine perceptible, jusqu'à une ligne droite à tirer du point du mur 180° jusqu'au
point du mur 30° Est. De cette dernière ligne, trois ou
quatre kilomètres sont une partie du mur qui, à son Est,
porte sur sa crête la surface du Plateau, tandis que à son
Ouest, il s'élève formant barrière au bout de la plage, sur
laquelle il regarde en longueur, soit en enfilade.

Au pied occidental de ce mur, la plage s'élève doucement du Sud au Nord jusqu'à atteindre la crête du mur, au point mentionné, à 3 ou quatre kilomètre du rivage.

Ce dit mur, qui suit à peu près le méridien 30° E., est *une fracture* qui est le seul accident géologique sur le plateau. Ici la surface du bouchon s'est coupée lorsque le soulévement a été empêché par le talon du Groënland. Probablement une fracture, en symétrie de celle-ci, se trouve à l'Ouest du Groënland. J'en ai aperçu l'apparence sous l'obscurité, qu'une mince feuille de lumière cherchait à soulever et à séparer de la terre.

La plage polaire de 30° E à 20° O, est de la terre-glaise bleu-gris, dénudée par la marée jusqu'au bord de la mousse qui est à 5 ou 6 mètres d'élévation en face, et en ligne parallèle, au bord de l'eau. L'argile s'étend à distance vers l'Ouest, le long du pied septentrional du Groënland; et s'y étale comme un fond de lac, avec un aspect de vase rassise. Cette extension de l'argile, comme le lit d'un fleuve, traverse un grand nombre de méridiens. J'estime qu'elle arrive à 70° O. Au delà elle m'a paru arrêtée par l'élévation du plateau qui correspond à la fracture le long du méridien 30° E.

Le Talon de la falaise s'arrondit et contourne l'angle N.-E. de la Tête du Groënland en telle forme qu'on peut présumer qu'il continue dans toute la ligne septentrionale de la Tête du Groënland; quoique là il cesse d'être visible à cause de sa jonction avec le sédiment lacustre. Le long de cette commissure est une dépression d'écoulement, soit un chenal de dernier vidange.

La baie à l'angle de l'équerre, en 20° O, a été creusée dans la commissure de l'argile avec le talon de la falaise, par l'écoulement de la marée descendante, soit, plus correctement, par sa ligne de dernier vidange.

Un couple de sillons de charrue étaient empreints sur l'argile. Leur distance de la mer était là où les pêcheurs tirent leurs bateaux à sec. Ils étaient longs de 2 ou 3 mètres. Leur direction, presque parallèle au bord de l'eau, était de l'Est à l'Ouest. Ils étaient plus lourdement marqués au bout oriental, et s'affaiblissaient graduellement jusqu'à n'avoir plus d'existence au bout occidental.

Il y avait aussi 3 ou 4 sillons semblables, et dirigés dans le même sens, sur l'extension de l'argile au milieu de la ligne septentrionale de la Tête du Groënland.

La ligne limitrophe de la mousse avec l'argile sur la plage polaire, n'est pas dentelée ou déchirée par des vagues assaillant de front. Mais elle est coupée en ligne droite et horizontale comme le bord d'un fleuve.

Les bas-fonds de la mer du Spitzberg étaient visibles au travers de l'eau.

La mer de Russie est un bas-fond sur une roche de sable gris, qui a une légère inclinaison vers le nord. A la ligne septentrionale de Norwége, là où cette baie finit, la roche s'arrête soudain sous forme de précipice en eau profonde. Dans le méridien médial de cette mer, la roche est fendue par un hiatus ou gorge profonde à mi-distance entre la Norwége et la Nouvelle-Zemble.

Une table étendue porte la Nouvelle-Zemble et le groupe Franz Joseph. Le bord occidental de la table suit la direction d'un méridien, environ 50° E. Le flanc rocheux qui descend du bord de la table vers l'Ouest est en pente douce près de la mer de Russie. Mais, dans la latitude à mi-distance entre la Nouvelle-Zemble et Franz Joseph, ce flanc devient *un talus rapide*. Plus au nord sont les bas-fonds qui forment les larges bases des deux groupes Spitzberg et Franz Joseph et qui se joignent.

Au nord de la latitude du groupe Franz Joseph, je ne suis pas parvenu à distinguer si la table arrive au contact du mur polaire, dont l'apparence est celle d'un mur en eau profonde. Peut-être le rayon lumineux y était-il trop horizontal pour éclairer le fond de la mer.

Le talus, dont j'estime la situation à 77° N, 50° E, est un plan incliné qui descend du bord de la table vers l'occident avec un angle précipiteux. Sa longueur de haut en bas, jusqu'à ce que l'obscurité de l'eau profonde me le cachat, me parut un kilomètre. Dussé-je estimer la profondeur d'eau que j'ai vue à ce point, je dirais 150 mètres. Ce talus est une roche de même couleur et apparence que le mur polaire, réflétant bien la lumière, dure, polie, sans une pierre ou gravier arrêté sur sa surface précipiteuse, et surtout sans un brin de mousse.

A la crête du Talus, soit au bord de la Table, la roche devient noirâtre et rugueuse. C'est une couche de 3 ou au plus 4 mètres d'épaisseur; un dépôt de pierres cassées, couvertes de mousse marine, longue de près d'un mètre, fine et graisseuse. C'est du détritus de roc, apporté, mais pas roulé. Les angles ne sont pas frottés. La dimension et la forme des pierres est comme les éclats de roc sautés par explosion, qu'on entasse dans l'eau pour former les murs marins. Leur forme est anguleuse et n'a aucune ressemblance avec cette esquille ou placard, que j'ai vu se détachant du mur polaire. La nature de leur substance, soit leur constitution chimique, est différente de celle de la roche sur laquelle elles sont déposées. En effet la mousse, qui n'existe pas sur la roche, est abondante sur les pierres. Une ligne de séparation horizontale tranche les deux couleurs dans le même plan.

Le dépôt de détritus ne s'étend pas beaucoup en largeur. C'est un chemin qui vient du Cap Chelyuskin, et arrive au bord de la crête du Talus, où il a pris l'aspect de stabilité séculaire. Et il ne prête pas à supposer que ces pierres soient dérangées ou précipitées en bas le talus par des glaces flottantes. La profondeur de la mer sur la crête du Talus m'a paru être moins que 10 mètres; peut-être même 6 mètres.

La Marée était très basse, et la mer au calme plat. Au large de la Norwége, et parallèle à sa côte, le montant de l'Atlantique accourait vers le bassin du Spitzberg, sous forme *d'un fleuve rapide et visible;* au point que des rides se formaient à la surface en segments de cercles qui, d'un côté lavaient les rivages de la Norwége, et de l'autre côté s'étendaient aux deux tiers de la distance vers la côte du Groënland.

La masse fluviale, sous la surface, doit sans doute se précipiter en bas une rampe, la direction de ce fleuve Atlantique pointe vers le Talus du 50° E.

Les Restes de glace dans le Cercle Arctique étaient en petit nombre et de petites dimensions; mais d'autant plus caractéristiques et de signification importante.

C'est un remarquable contraste avec une observation contenue dans les Mittheilungen du Dr Petermann disant que les baleiniers ont trouvé leur pêche gênée par la rigueur exceptionnelle des frimas pendant les deux étés de 1868 et 69. En ma vue, au temps de l'équinoxe de mars 1869, il n'y avait dans le Cercle Arctique aucune trace de glace ni un flocon de neige ailleurs que sur la Mer Blanche, celle de Kara, celle de Sibérie, la Glacière septentrionale du Spitzberg, et, en contact avec elle, un Champ flottant au bord de la Plage polaire, enfin un Monceau déposé à sec sur la Plage.

Sur la Mer Blanche — la glace unie était couverte de 30 centimètres de neige encore légère et récente. Cela était mis en évidence par les bords renversés et superposés de quelques pièces de la glace qui venait d'être brisée si récemment que les angles étaient vifs et taillants. La glace était épaisse près d'un mètre, transparente, lisse, et d'excellente qualité commerciale, gelée en un seul bloc et sans ajoutage ou croûte.

La Mer de Kara — formée par la Nouvelle Zemble avait sa moitié S.-Ouest couverte de glace raboteuse. Mais la partie vers le golfe de l'Obi était libre et navigable. Quelque chose de raboteux sur la Nouvelle Zemble indiquait sans doute les moraines de ses glaciers.

Sur la Mer de Sibérie — la glace dont la couleur cérulée et la substance ressemblait à celle des glaciers, était bosselée comme des vagues. Cette plaine sans montagnes, uniforme, sans accidents, joignait la Sibérie au Mur polaire qui lui est parallèle. Elle commençait à un degré de longitude à l'Est du Cap Chelyuskin, par une ligne traversant la mer à angles droits, et formait voûte, séparée de la mer, alors basse, par un vide de dix mètres comme un pont. Au centre de la voûte elliptique, l'épaisseur de la glace était 10 mètres, et plus de 20 mètres sur les côtés de la voûte, dont les arcs boutants plongeaient, et semblaient reposer sur le fond de la mer. Ce qui indique la continuation de la table sous marine.

A l'Ouest du Cap Chelyuskin il n'y avait aucun vestige de glace. Le Cap et le golfe Taïmir se dévoilaient avec calme à la première visite de la lumière.

Un Groupe dans l'Océan de Behring, inconnu des géographes était dans un champ de glace mince et lisse, en voie de se fondre. Le diamètre du champ était trois fois la longueur de celui du groupe.

Le Groupe Spitzberg avait un aspect de frimas par l'influence de *la Glacière du Spitzberg* qui remplissait le méridien septentrional de ce groupe jusqu'à la Plage polaire. C'était une collection de montagnes de glace dont la surface était luisante comme celle de la glace fondante. Chacune avait la forme à peu près ovale, avec le grand axe dirigé du nord au sud. Leur symétrie et la parité de leur forme, dimension, et la juxtaposition de leurs bases ne permettaient pas de supposer que ce fût une agglomération.

Ce n'était ni des glaçons ni un entassement, mais des montagnes en cônes, dont la hauteur était la moitié des montagnes les plus élevées du Spitzberg. Toutes étaient basées sur une table à fleur d'eau et sans fissures en forme de triangle isocèle, dont les côtés étaient des lignes droites sans brèches. La base du triangle couvrait complétement la largeur du groupe du Spitzberg. Et son sommet, dans le méridien médial de ce groupe, formait encore partie du champ qui flottait au bord de la Plage polaire. Mais ici la fonte était manifeste; car déjà un chenal s'était formé, qui séparait le Champ du Sommet du triangle, assez pour y forcer le passage d'un navire.

Si l'avenir confirme que la Glacière du Spitzberg est **le pôle des frimas,** — il s'ensuivra que le Cercle Arctique contient — *trois pôles.*

Le Champ flottant au bord de la Plage polaire commençait à l'angle du mur, en 30° E., et s'étendait jusqu'au talon de la falaise, en 20° Ouest, sans toutefois arriver au contact. Le bord du champ était un peu amarré sur la plage, et son bord marin était aligné au cordeau avec le mur du Cap, qui n'avait pas de glace. Partant de l'angle du mur, avec peu ou point de largeur, le Champ longeait la plage, où sa largeur atteignait 400 mètres et remplissai la baie à l'angle de l'équerre, dans laquelle il s'amincissait, et il s'amarrait en pliant sur la terre sèche, où son épaisseur se diminuait jusqu'à néant.

Un Monceau de glace était déposé à sec, à un mètre du bord de la marée basse, sur le bout de la plage, à l'angle du mur, 30° E. Ce pâté, haut de 5 à 6 mètres, était coupé franc au couteau, de façon que sa moitié marine n'existait plus, tandis que sa moitié septentrionale mélangée de couches horizontales de fange, restait avec sa face interne luisante et alignée au cordeau avec le mur du cap d'un côté, et de l'autre côté avec le bord marin du champ flottant.

Tel était l'état des choses à la vue. Sur ces bases chacun pourra construire ses propres réflexions. Les personnes bien informées sur les régions arctiques sauront quelles coïncidences peuvent s'adapter à la confirmation des connaissances acquises. Moi, je n'ai pas l'avantage d'être proche des informations; je suis seulement témoin oculaire, et je raconte l'impression que cet aperçu me produisit, et la construction que je donne à l'observation.

La marée est dirigée par les contours chorographiques. Son cours est indiqué par les traces laissées sur la terre, et par la forme donnée aux mas de glace.

A Marée montante la mer entre le Groënland et le Spitzberg est poussée au nord vers le fond de l'équerre. De son côté, le fleuve atlantique de Norwége continue sa course vers l'Est. Et, refoulant sur son flanc droit les bas-fonds de la mer de Russie, il arrive au talus de 50° E. Sa couche superficielle continue sur la crête du talus, et se répand sur la Table qui porte la Nouvelle Zemble et le groupe Franz Joseph, et va remplir le vide sous la voûte de glace dans la mer de Sibérie. Mais la masse profonde, contournée vers le Nord par le roc de la mer de Russie et par le talus, pousse au Nord et élève la mer qui est entre les deux groupes Franz Joseph et Spitzberg. Et le courant, continuant à monter sous le méridien 45° E., arrive au Cap polaire.

Qu'est-ce qui se passe alors sur la Plage polaire ? Ici nous trouvons, pour guider notre jugement, des indices, évidents, absolus, impérieux.

L'argile est dénudée, donc la marée monte sur l'argile jusqu'à l'alignement horizontal de la mousse. C'est la ligne de haut niveau. Mais l'argile est une ligne de bas niveau, deux mètres au-dessus de la mer basse. Ce bas niveau s'étend le long du pied septentrional de la Tête du Groënland jusqu'à 70° Ouest, et s'y étale en fond de lac. Donc la marée montante doit forcément y courir de l'Est à l'Ouest avant que d'atteindre le haut niveau. En effet ce courant fluvial vers l'occident est indiqué par les Sillons et par l'alignement dirigé par le mur du Cap polaire coupant en ligne droite le Monceau et le bord du Champ flottant.

Le Monceau déposé à sec sur la plage, à un mètre de la basse mer, était construit en couches de glace et couches de fange superposées. Celles de fange étaient plus épaisses à leur bout occidental. S'il était monté de la mer il n'aurait pas de fange, et s'il était descendu de l'ouest il serait plus frotté et irrégulier. Il a résisté à la marée montante qui, dirigée par le mur du Cap, l'a limé en droite ligne avec ce mur, dont l'angle a protégé la moitié septentrionale du Monceau. Cela rend évidente la direction de la marée montante et de sa rapidité. Car, s'il y avait lenteur, l'eau aurait entouré le Monceau et l'aurait sous-miné et ébréché de toutes parts.

Les Sillons sur la plage étaient près du bord de l'eau. Evidemment **des Glaçons ont été apportés de la mer.** Leur soc s'est accroché à l'argile lourdement. Et, à mesure que la marée s'élevait, leur accroc s'est allégé jusqu'à ce qu'ils aient flotté, et ils ont suivi le courant de ce qui est alors devenu un fleuve rapide. Si l'élévation de l'eau avait été lente, l'accroc aurait eu plus de longueur que ce couple de mètres.

La montée des glaçons marins n'exclut pas la possibilité que le monceau peut être descendu de l'Ouest sur le reflux qui l'a abandonné sur la plage. En ce cas quelle cause l'a coupé en alignement exact avec le mur?

Il me semble superflu d'ajouter qu'un cours de marée montant en sens inverse, soit le long de la côte du Groënland et contournant l'équerre de l'Ouest à l'Est, est impos-sible. Il aurait pénétré dans la baie, dont il aurait arraché le champ mince; et, lavant la plage, il aurait poussé le monceau par derrière et l'aurait fait glisser à la mer par son propre poids.

La marée montée sur la Plage doit nécessairement avoir suivi la ligne de bas niveau de l'argile dans son extension vers l'Ouest, sous forme d'un fleuve qui a coupé le bord de la mousse en ligne horizontale.

Or, selon l'aperçu que j'en eus, le lac à l'Ouest est borné de tous côtés par l'élévation du plateau. Cet aperçu et la symétrie géologique indiquent que l'extension de l'argile contourne la Tête du Groënland par une ouverture occidentale, pour le moins aussi large que la Plage orientale. Par cette ouverture, le fleuve monté de la mer du Spitzberg doit avoir contourné la Tête du Groënland, et avoir suivi sa côte occidentale jusqu'en lat. 80° N, où les navigateurs l'ont vu rencontrer la marée venant de Baffin. Après la rencontre des deux flots, disent-ils, la marée de Baffin force le fleuve à reculer, et à remonter vers la Tête du Groënland. Là donc le courant fluvial s'arrête, et marque sa trace au niveau indiqué par la mousse.

La marée montée par le Spitzberg a eu le temps de contourner la Tête du Groënland et de s'avancer à la rencontre de la marée de Baffin, parce que le retard de cette dernière provient sans doute de ce qu'elle est en dehors de la direction du parcours du Golfe-stream, et de ce qu'elle emploie le temps à se répandre dans les canaux occidentaux qui conduisent, par la Polynésie, à la large expansion de l'océan de Behring.

Ainsi s'explique ce — **Flot descendant du Nord** — qui a tant intrigué l'imagination des naturalistes.

Ce Flot ne pourrait pas être, si la marée du Spitzberg trouvait place pour se répandre dans une mer ouverte au pôle qui ne serait autre que l'océan de Behring. Car dans ce cas la marée de Baffin aurait le temps d'y arriver ; et il n'y aurait pas de raison pour que le flot vienne à sa rencontre.

A Marée basse, le Groënland et le Plateau polaire sont un seul continent. Mais, à marée haute, ce sont deux continents séparés.

A Marée descendante — la mer semble se reposer sans secousses ou remuement. Cela est attesté par les indices de tranquillité que semblait permanente.

Sur la plage d'argile, quoique ouverte à tous les vents, il ne se trouvait aucun froissement, aucune brisure béante, ni aucune berge entassée, pour indiquer la violence des vagues.

Les Sillons n'ont pas été effacés par l'impétuosité d'un torrent, quoique il semble que même de l'eau calme aurait dû suffire pour les oblitérer.

Le Monceau n'a pas été poussé à la mer, pas même échancré à l'arrière dans sa bosse septentrionale.

Le champ flottant avait son bord amarré et pliant sur la plage ; et son le bord marin était une ligne droite posée à angles droits sur le sommet du triangle de la Glacière.

La Glacière du Spitzberg, était un triangle isocèle dont les côtés étaient des lignes sévèrement droites, dont le sommet était dans le méridien médial de ce Groupe, et dont les montagnes ovales avaient leur grand axe du Nord au Sud.

La rigidité et la symétrie géométrique des lignes et des angles est remarquable.

D'autre part la mer de Sibérie doit glisser le long du Mur polaire qui est parallèle à la Sibérie et déboucher au Cap du 45° formant une nappe descendante à l'Est du Spitzberg.

La Glacière du Spitzberg marque la division des deux laves qui descendent du Nord au Sud dans le moule des méridiens, avec égale force des deux côtés de ce groupe.

Ne fût-ce que pour cette glacière, la marque des *Sillons sur l'argile* induirait à croire que l'eau descendue de la plage n'est qu'en minime quantité, ce qui est improbable.

Dans la zone entre la Nouvelle Zemble et le groupe Franz-Joseph, la marée descendante de Sibérie arrive à la crête du talus, environ 77° N. 50° E. où elle doit se précipiter et former **un fleuve oriental de jusant, semblable au fleuve occidental du montant au large de la Norwège.** Avant que d'y arriver, la mer de Sibérie est déjà dirigée par ce précipice. Et la glace à sa surface converge sa moraine de façon à déposer, en forme de chemin, le pavé de détritus qui vient du Cap Chelyuskin. Ce fleuve ne semble pas charrier de gros glaçons; car leurs socs auraient précipité en bas le talus les pierres qui reposent avec une apparence de longue stabilité au bord extrême de la crête, et qui forment avec le plan incliné une ligne de rampe limée et polie comme le tablier d'un rapide Mais ce fleuve oriental perce en flanc et emporte à l'ouest la mer qui descend entre les deux groupes Franz-Joseph et Spitzberg. Il doit en résulter **un remous** qui amoncèle sur le flanc septentrional du fleuve, soit dans la ligne qui relie les deux groupes, la glace qu'il apporte de la pointe méridionale de Franz-Joseph sur celle qui descend du Nord. Accumulation formidable, que le Lieut. Weyprecht dit être impassable.

Sur la table, la mer profonde de moins de 10 mètres devrait se geler jusqu'au fond, gâter la régularité de la mousse, et former une séparation entre la mer de Spitzberg et celle de Behring ne fût-ce que pour un courant rapide et la préservation du froid par une voûte de glace épaisse.

La forme exacte de la voute elliptique sur la mer de Sibérie indique que le courant de la marée suit la ligne médiale de cette mer, qui est le **Canal d'union** *entre les deux bassins,* du Spitzberg et de Behring ; et d'autre part que le courant ne passe pas au pied du mur polaire pour en balayer le détritus.

La mer du grand bassin méridional du Spitzberg descendant vers l'Ouest, se jumelle avec la mer qui descend entre le Spitzberg et le Groënland.

Le remous de leur confluence accumule une large et longue masse de glace au nord de la ligne à tirer entre la pointe du Spitzberg et le Cap Brewster en Groënland. Région connue des baleiniers.

La Route pour pénétrer dans la région polaire est influencée par la connaissance des obstacles.

Le méridien septentrional du Spitzberg doit être évitée, vu que *sa Glacière ne se fondra jamais* considérant qu'elle était restée en une seule pièce, avec une apparence d'obstination immobile, alors que toute la région ambiante était navigable.

La seconde région à éviter est la zone entre les deux groupes Franz-Joseph et Spitzberg. A l'heure que le fleuve du jusant est rapide, et surtout à la haute mer de la Syzygie la collection de glace entassée dans cette latitude doit être broyée et cognée. C'est sur le bout de cette chaîne d'amoncellement que s'est fixé le Tegetthoff après avoir longtemps fait la navette entre le Nord-Est et le Sud-Ouest sur la marée en amont du fleuve oriental.

Je pense avec le Lieut. Weyprecht qu'il ne faut point songer à traverser la latitude entre ces deux groupes. Car l'impétuosité du fleuve au temps du jusant doit se faire sentir jusque sur la côte orientale du Spitzberg. Et le remous aussi.

Le navigateur qui tient à aller au nord du groupe Franz-Joseph, doit passer par le méridien oriental de ce groupe. Si, ensuite, il a l'intention d'aller au bout de la Plage, 30° E., il doit continuer à suivre le méridien oriental du groupe Franz-Joseph jusqu'au contact du Mur polaire. Puis, présentant son flanc droit à ce mur, il doit continuer à le toucher jusqu'au point cherché 30° E.

Ce détour, afin d'être en amont du jusant, est nécessaire. Car s'il se trouve dans une ligne plus directe entre Franz-Joseph et le bout de la plage, chaque jusant l'entraînera en dérive vers la Zone fatale entre les deux groupes.

Arrivé au bout de la plage, 30° E., le navigateur ne doit point espérer de pouvoir traverser le méridien du Spitzberg. Une telle traversée était possible au jour que je l'ai vue. Mais une saison si propice doit être rare. Le navigateur ne peut que rester à l'orient de ce point, sans ancrage, et talonner contre la glace à chaque marée.

Attribuant à toutes les chances l'espérance la plus favorable, la probabilité arrive toujours à un désastre.

Si toutefois il y échappe, **le Retour** *doit se faire par le même chemin*. Toucher avec son flanc gauche le mur du Cap, et chercher à atteindre un méridien très oriental, disons 70° E. Puis cingler droit pour le point 78° N., 70° E. Ensuite faire pour l'Ouest. Et prendre soin de se rappeler que là est l'influence du *fleuve oriental* qui monte vers l'Est mais qui descend vers l'Ouest avec rapidité, sa précipitation en bas le talus étant environ 77° N., 50° E.

Il faut se tenir sur le flanc méridional du fleuve de crainte que le remous du flanc septentrional ne pousse le navire vers l'espace entre les deux groupes, ligne de latitude qui est fatale.

Il est remarquable qu'à Franz-Joseph Lieut. Weyprecht a trouvé la hauteur de la marée 60 centimètres, tandis qu'à Taïmir on l'a trouvée 11 mètres. Cette dernière mesure parut manifeste à mes yeux par la hauteur de la berge et l'aspect des rives du golfe. Elle s'accorde aussi avec l'espace vide entre la surface de la basse mer et la voûte de glace sur la mer de Sibérie.

La Tête du Groënland sera toujours le point de repère dans ce 85° cercle dont le mur est inabordable.

La baie à l'angle de l'équerre du Groënland est le seul débarcadère sur le Plateau polaire, le seul ancrage. Pas plus d'un kilomètre le sépare du bord de la mousse, qui est sur le côté opposé du fleuve de la marée montante. A l'heure de la basse mer, cette plage se laisse traverser à pied sec sans que le temps presse. Je n'y ai pas aperçu de flaques d'eau stagnante.

Cette rade, avec une profondeur de 5 mètres sur un fond de terre glaise, est assez large pour permettre à un navire de virer sur son ancre autour de la marée. La nappe d'eau y paraît paisible, car je n'ai pas vu dans les bords aucun signe de violence des flots. Le navire qui voudrait hiverner, a le choix de monter avec la marée sur la plage ou dans le canal et se laisser poser à sec.

Si un canot part à la première heure de la marée montante, il contournera avec elle la Tête du Groënland et suivra sa côte occidentale jusqu'à la rencontre de la marée de Baffin. La même marée reculant vers le Nord le rapportera au lac N.-Ouest du Groënland, et le ramènera au point de départ; à condition toutefois qu'il ne perde pas de temps pour contourner avec les rames la Tête du mont de l'Ouest à l'Est, et pour se placer sur la rigole de vidange au pied du mont. Car la tendance du jusant est de redescendre à l'Ouest avec rapidité. Je crois même que l'argile a un peu de pente de l'Est à l'Ouest, jusqu'au milieu de la largeur du Groënland, où, puis la pente remonte comme c'est naturel à un courant rapide. A cette contrepente était située la seconde série de sillons ou accrocs.

La navigation pour attéindre le port unique est le long de la côte du Groënland. C'est une mer sans bas-fonds ou rocs, sans remous, ou courants jumeaux, ou confluents. La marée y est simple, sans conflits. La seule barrière prohibitive est au nord de la ligne qui relie le Sud du Spitzberg au Groënland. Pour la franchir le canal le plus probable me paraît être proche de la côte du Groënland. Les ingénieurs qui ont l'habitude de pratiquer sur les remous des confluents dans les rivières, peuvent se former une idée de la forme que ce remous doit prendre.

Après avoir franchi cette barrière connue des baleiniers, il ne reste qu'à incliner la proue vers le point indiqué sur la carte.

Le Groënland lui-même donne une direction au vent.

Dirai-je aussi au magnétisme! Et la glace peut se rompre par ces influences. Les golfes majestueux dont l'eau bleue est profonde, peuvent être autant de ports. Et leurs montagnes très massives peuvent offrir un état favorable de cette force occulte qui donne la sensation de chaud et froid indépendamment du thermomètre.

Sur la côte du Groënland toutes les chances de la navigation sont d'une nature régulière, et susceptibles d'être calculées et construites en un plan ou projet.

La Mer de Baffin reste enfin, dont on dit la navigation commode. Je n'ai pas vu la baie Lincoln. Mais, jugeant par l'apparence de l'extension du sédiment lacustre et par la symétrie géologique, j'ai la confiance qu'il se trouve à l'Ouest de la Tête du Groënland une plage comme à l'Est, mais plus évasée. C'est l'embouchure du lac.

Par là le Capitaine Nares arrivera au pôle.

Mais l'expansion de l'argile, le fond de lac, y est large. Et celui qui, n'ayant pas vu la marée, tenterait de le traverser, risquerait de se voir baigner les pieds. En tel cas la prudence indiquerait de gravir la rampe occidentale et de contourner l'aire lacustre, ce qui allonge de 7 à 8 kilomètres la route au pôle. Mais le Capitaine Nares fera mieux. Il mettra son canot sur ce flot qui descend du Nord pour le prendre, et qui, repoussé au Nord par la marée de Baffin, l'emportera jusqu'au côté septentrional du lac, où il mettra pied à terre sur le bord de la mousse. Puis, si, après l'heure de la haute mer, il laisse son canot voguer sans direction, il retournera au navire par la descente de la même eau sur laquelle il est monté.

En présence de tant d'éventualités qui sont des dangers

par le fait de l'inconnu et de la cruelle perplexité, je m'empresse d'ajouter que

Le Plateau polaire ne m'a présenté nulle part aucun vestige laissé par de la glace; aucun frottement ou abrasion de glacier; aucune moraine ou remblais; aucun roc tombé de la Tête et resté dans la rigole; aucun bloc erratique transporté par la glace sur la surface du Plateau; aucun labourage, autre que la demi-douzaine de *sillons creusés sur l'argile par des glaçons montés sur la marée*.

L'aire du 85me Cercle ne portait aucune trace laissée par le vent ou le tumulte des éléments. L'apparence de tous détails était celle d'**un repos permanent** avec un flux de marée tranquille.

Le Plateau est couvert, sans une déchirure, sans un accroc, d'un riche tapis de mousse touffue, abondante, luxuriante. Ses nombreuses lames, longues d'une vingtaine de centimètres, étaient droites, et ne semblaient pas avoir été soumises à la pression d'un poids. Par son apparence, ce pâturage semble appétissant et succulent; peut-être même trop nutritif pour notre bétail. Sa couleur vert-obscur et sa vigueur montraient que sa vitalité, dirai-je la continuation de sa croissance, ou — *la force* — qui fait circuler la séve, n'est pas interrompue par l'éloignement des rayons solaires pendant le semestre obscur.

L'obscurité se dissipant lentement, cette fraîche et abondante pelouse surgissait aux premières atteintes de la lumière semestrielle, empreinte de rosée et avec un aspect immaculé.

La Création avait lieu sous mes yeux !

En dehors du sujet qui précède, je saisis cette occasion pour porter à la connaissance des géographes que **L'Is-**

lande n'est point la seule île dans sa région, ainsi que dans les cartes. *Mais il y a en outre trois autres îles.* Leur découpure est pittoresque, mais ce sont des rocs nus, sans terrain. La dimension de chacune est environ le tiers de l'Islande. La situation de la plus petite est à mi-distance, mais un peu au nord de la ligne qui serait tirée de l'Islande au Cap Farewell. La seconde est au N.-Ouest de l'Islande, soit sur la plus courte ligne entre cette île et la falaise du Groënland. La plus grande est dans la latitude du Cap Brewster, un peu à l'occident de la ligne qui relierait l'antique colonie danoise avec l'île Jean Mayen, qui est trois fois plus petite.

Du Cap Brewster au Cap Farewell, la falaise, son talon, et la table qu'elle porte, sont une continuation uniforme.

Le Golfe Taïmir en Sibérie est marqué dans les Cartes comme une baie évasée, ouverte au Nord.

Dans ma perspective c'était un golfe étroit ouvert à l'Ouest.

Le Cap Chelyuskin est au Nord, ou même au N.-Ouest du Cap Taïmir. Le golfe entre dans la terre à angles droits entre ces deux caps. Ses côtés sont parallèles; et il se termine par une berge qui fait face à l'entrée du golfe. La berge est de gros gravier roulé, soit des galets. La hauteur de son accumulation indique que le vent d'Ouest y roule de grosses vagues de la Nouvelle Zemble. Et les côtés du golfe ne présentent pas une anse où un navire puisse s'abriter. La longueur du golfe est double de sa largeur; et sa dimension est plus petite que celle de la Spezia.

A 100 mètres en arrière de la berge, et parallèlement à sa ligne, s'élève le haut roc ou mur qui est la continuation courbée du Cap Chelyuskin. Au Sud-Est du fond du golfe est un fleuve qui m'a semblé être large de 200 mètres sans pente, avec peu d'eau soit à sec à marée basse, et des amas de galets entassés en monceaux séparés sur ses bords. Ces lourds galets ont été apportés de la berge par une force du N.-Ouest. Si chaque tas indique la direction de chaque vent, la marée montante doit être accompagnée de violents ouragans, et le pays plat submergé à distance.

Sur les cartes, la longitude du Cap Taïmir peut être correctement placée; mais celle du Cap Chelyuskin ne l'est pas. Il doit être porté à l'Ouest. Je crois que sa longitude est plus occidentale que celle de Taïmir. Car la lumière procédant vers l'Est atteignit l'un longtemps avant l'autre.

Du haut du Cap Chelyuskin, une lunette doit donner une vue facile du Plateau polaire. Pour y monter il faut aller à l'angle Sud-Est du golfe, traverser l'embouchure du fleuve et prendre sa rive droite, et contourner la montagne à dos.

S'il se trouvait que la situation du golfe Taïmir fût une divergence optique, il serait important de la noter, parce que ce serait la seule dans tout l'Amphiorama.

Un groupe d'îles inconnu est le seul qui reste encore à découvrir au milieu de l'océan de Behring. Sa situation est sur le méridien 180° de Greenwich, et sa latitude peut être 78° N.

Il fut éclairé soit par le rayon céleste qui descendit sur le sommet du Cap Franklin, soit par la nappe lumineuse qui se préparait à cheminer vers le Sud pour traverser le détroit de Behring. Ce fut longtemps avant l'apparition du groupe Nouvelle Sibérie ou Liakov.

Ce n'est pas une polynésie éparse ni un amas épais comme le Spitzberg, mais c'est un groupe circulaire. Deux ou trois douzaines d'îles de forme ronde, pas longues ou biscornues, sont circulairement groupées, avec des rues larges, autour de la principale, qui est plus grande que celle du groupe Liakov. Ce ne sont pas des rocs nus mais des terrains fertiles, plus qu'à Liakov. Tout le groupe est de gracieuse apparence et d'aspect bucolique et agréable. La montagne centrale est assez élevée pour être vue à longue distance. Mais, dans cette saison si propice, alors que tout l'océan était navigable, et que la végétation était avancée, ce groupe était dans un champ de glace dont le diamètre avait 3 fois la longueur de celui du groupe. La glace était lisse et fondante; son épaisseur moins de 30 centimètres; sans vestiges de vent par des rides ou bri-

verdure ombrageant les bords d'un fleuve dans la plaine du Sahara. Si son cours se dirige vers l'Est, il arrive à une région des sables où il tourne au Sud et va chercer le pied du massif. A l'Est de cette longitude, le massif présente un hiatus ou une solution de continuité, Et je ne saurais dire si l'écartement est assez absolu pour se laisser traverser par un fleuve au niveau du Sahara ; et si, de même que le Rhône a trouvé un cours entre les Alpes et les Pyrénées, le NIGER relie Tombouctou, qui est en 18°-3'-45" N., 1°-45' O., à la Baie de Bénin.

L'ARRIVÉE DE LA LUMIÈRE AU POLE

La progression de la lumière dans le cercle polaire se fait d'une manière contraire aux suppositions en vogue.

A mon premier aperçu, de tous les côtés, l'atmosphère présentait une apparence téloramique. Et la ténuité de l'espace obscur indiquait qu'il était susceptible d'être traversé par la vue pour atteindre les objets au delà.

L'aire éclairée du soleil, qui se révéla à mes yeux en premier, s'étendait aux limites suivantes.

Sur la côte d'Afrique, le golfe de Sydra et la région au Sud-Est de Tripoli, jusqu'aux cataractes du Nil, était en vue avant que cette direction fût interceptée par l'expansion jusqu'à sa grandeur naturelle de la Sicile et de l'Etna, qui d'abord m'était apparu comme Capri. La chaîne de l'Atlas marquait par sa crête le parallèle de latitude. Et, par delà les colonnes d'Hercule, Tanger était la limite. Le golfe de Gascogne était visible jusqu'au méridien médial de la côte septentrionale d'Espagne. Dans l'extrême distance, par delà l'Atlantique, l'angle Sud-Ouest de l'aire illuminée était tenu par le solitaire Cap Race en Terre-neuve, 45° N. 53° O, de Greenwich, dont la clarté grise différait des aurores ordinaires. Elle permettait la lecture d'un livre; et avait une apparence stationnaire, sans augmentation d'intensité.

Le Cap Farewell en Groënland, 60° N. 44° O. occupait l'angle Nord-Ouest de l'aire. La lumière calme de l'Aurore y contrastait avec le gris inaccoutumé du Cap Race. Un bout de territoire attenant montrait la qualité fertile du terrain sur la table du Groënland qui avait un aspect labouré comme des champs cultivés près de la côte occidentale.

Le Canal de la Manche se laissait voir, et la pointe septentrionale de la France ; la Champagne, et la Suisse. Mais le golfe de Venise se refusa à mes recherches, et le méridien oriental du golfe de Tarente.

Telle était la circonscription de l'aire du monde qui m'apparut en premier. Dans mon voisinage immédiat *la lumière était pleine*. Mais je remarquai que son éclat ne me heurtait pas les yeux. Un seul rayon resplendissant était reflété par une fenêtre du Panthéon de Paris. Je contemplais ce monument historique, et ma mémoire construisait les événements de notre ère, lorsque le Delta de l'Escaut fit son apparition. Et la lumière s'étendit vers la Meuse et le Rhin. Jusque là je me demandais si je rêvais. L'extension de la clarté augmenta ma surprise. L'Alsace se découvrit par degrés. Et la grande étendue des sombres sapins de la Forêt-Noire m'indiqua la direction du Wurtemberg. Ce fut alors que, cherchant mes sens et me retournant, mon attention fut intéressée par les deux élégants vapeurs à roues arrêtés sous les rochers de Bonifacio en Corse. Ensuite mes regards se tournèrent vers l'Atlantique ; et je fus surpris, le dirai-je, que ni sa forme ni sa dimension ne me parussent étrangères.

La lumière progressa en ligne de front vers le Nord-Est, soit en sens rétrograde. Elle avait déjà atteint la ligne de l'Elbe, et éclairé les Iles Britanniques, avant que la clarté grise du Cap Race se disposât à s'émouvoir. Elle s'ébranla enfin, et descendit la pente de cette grande montagne, et atteignit le rivage à son pied, et la mer fut éclairée. Ensuite la lumière procéda vers l'occident sur la surface des ondes, et alla visiter les régions à l'Ouest du Cap Race, et le golfe Saint-Laurent.

Alors la lumière rompit le 60° cercle et fit une irruption soudaine et prompte dans le méridien médial de la mer de Baffin, le 60° O., et atteignit la latitude 73° N. Puis, se répandant jusqu'aux deux côtes de cette mer, elle éclaira les îlots du Groënland de Disco à Farewell. Mais cette côte fut la limite que la lumière ne parvint pas à franchir. Elle s'éleva jusqu'à la crête, et éclaira le bord de la table, mais ne put pas s'élever plus haut et traverser le Continent Groënlandais, qui resta inconnu pour moi.

Du Cap Farwell la lumière glissa vers le Nord-Est, le long du pied de la falaise, et s'éleva jusqu'à la crête, et éclaira une lizière de 3 kilomètres sur la table, jusqu'au Cap Brewster.

J'ai constaté cette remarque avec précision, et je dis positivement que, au Cap Race la lumière est descendue de haut en bas et ensuite a procédé vers l'ouest; tandis que du Cap Farewell elle a toujours procédé vers le Nord-Est, et a toujours rampé au pied des murs, ne parvenant qu'avec peine à s'élever jusqu'à leurs crêtes. Dans les golfes du Groënland les montagnes avaient leurs bases éclairées et leurs sommets invisibles dans l'obscurité. L'île à mi-distance entre le Cap Farewell et l'Islande fut la première à se montrer. La découpure pittoresque de ce roc stérile fut éclairée d'une lumière irisée. Le fond de son rivage se laissa apercevoir dans la transparence de l'eau lustrée et azurée, et l'île avait un aspect féerique enchanté et théatral.

Après un temps, une seconde île semblable apparut au Nord-Est de la première. Puis, au Sud-Est de la seconde, l'Islande se fit voir. Puis la troisième île au Nord de l'Islande. Et le Cap Brewster terminant la falaise. Enfin Jean Mayen vint se joindre.

Mais où en est la ligne d'invasion du côté de l'Est? Voilà toute l'Allemagne et la Saxe. L'Elbe fut traversé. Le Jutland s'étala. Et la Norwége, à commencer par son angle Sud-Ouest, se découvrit graduellement vers le golfe de Bothnie et la Fionie.

Du temps fut un élément nécessaire à la lumière pour se répandre sur la large mer du Spitzberg et en chercher les côtes; jusqu'à la Nouvelle Zemble d'un côté, et de l'autre jusqu'à l'angle de l'équerre en 85° N. 20° O. De ce point jusqu'au Cap polaire en 45° E., la plage polaire fut éclairée sur une lizière d'une cinquantaine de mètres. Et le mur, qui est la prolongation de la ligne de la plage et forme le Cap, fut éclairé de bas en haut jusqu'à sa crête, que la lumière parvint à atteindre mais pas à surmonter. — **La lumière ne contourna pas le Cap polaire;** mais elle s'étendit de là au Cap Chelyuskin. La plage polaire fut la limite boréale qui n'a jamais été dépassée, en ce jour, par la lumière venant de la direction du Sud. Nul soupçon de Continent attenant à cette plage et à ce mur dont le bout n'était pas arrondi ou formé comme un Cap. Cette ligne resta solitaire et énigmatique. Ce ne fut qu'après avoir circonvenu le cercle polaire, que la lumière vint enfin rejoindre la plage; mais sa direction venait du côté de la mer de Behring, et la plage fut éclairée à dos, soit de la direction du pôle.

Me fût-il permis d'exprimer un souhait; je voudrais que le futur souverain de cette plage eût assez de gracieuseté pour consentir à la nommer — **Riviera di Levante** — parce qu'elle est au jour levant du Continent polaire, étant éclairée plus de deux heures avant le territoire contigu. Et aussi parce que le point de vue, où se produit le phénomène du télorama, est situé sur la partie du golfe de Gênes qui se nomme — *Riviera di Levante.* —

Il est remarquable que la lumière remplit exactement l'équerre de la mer du Spitzberg; éclairant d'un côté la côte orientale du Groënland sur la largeur d'un degré de longitude, et de l'autre côté la ligne de latitude suivie par la plage et le mur jusqu'au Cap 45° E.; ligne droite qu'elle a continuée jusqu'au Cap Chelyuskin qui se révéla. Un haut roc à pic angulaire, seul, sans territoire attenant, sans voisins, sans points de repère pour indiquer son nom. La nappe de lumière qui remplissait la mer du Spitzberg s'étendait vers l'Est; et ce cap fut le premier objet qu'elle rencontra. Le temps me parut long, que ce Cap fut solitaire, dans l'espace obscur; lorsque, à son Sud et un peu plus éloigné, une terre basse au niveau de la mer se découvrit graduellement, et, derrière elle, le pied d'un roc se dévoila; et, de bas en haut, le Cap Taïmir s'éclaira jusqu'à sa crête. La lumière continua selon sa direction vers l'Est. Entre les deux Caps deux côtes se révélèrent et s'étendirent vers l'Est. Elles étaient parallèles. Et la lumière arriva à une berge faisant face à l'entrée du Golfe Taïmir. Cette haute berge est du gros gravier roulé. Son angle d'inclinaison indique qu'elle a été amoncelée par de grosses vagues frappant de front lors de la marée montante. A 100 mètres derrière la berge se révèle un mur, la continuation du Cap Chelyuskin. Considérant que la lumière procédait, ici vers l'Est, l'entrée du golfe est ouverte à l'Ouest. Au fond du golfe, à son angle Sud-Est est une rivière qui me parut tourmentée comme un torrent impétueux quoique sans pente venant de la direction Sud-Est. Mais, l'obscurité ne se dissipant que lentement, je tournai mes regards ailleurs.

La plaine de glace sur la mer de Sibérie, plaine solide qui joint les côtes de Sibérie au Mur polaire, s'éclaira. La lumière atteignit le pied du Mur, et s'éleva jusqu'à sa crête, mais ne la surmonta pas. Elle procéda entre les deux côtes de cette mer graduellement vers l'Est jusqu'à un méridien que, devinant sans repère, je nommerai 120° E. Ici un temps d'arrêt eut lieu; et je changeai la direction de mes regards.

Voilà toute la Sibérie et l'angle de la Léna à Jakutsk, et la plaine jusqu'à 60 ou 80 kilomètres à l'Ouest et au 'Sud de Jakutsk. Disons que la ligne de clarté s'étendit du point 60° N. 125° E. jusqu'au point 85° N. 120° E. Ce fut la limite qui ne fut jamais dépassée par la nappe de lumière venant de ce côté du globe.

Un laps de temps s'écoula, assez long pour me faire croire la vision terminée. Mais qu'est-ce que ce point à grande distance dans l'espace, plus haut que l'horizon? Un point, sans dimensions, pendant un long quart d'heure. Il grandit. C'est un roc, un haut roc, **la pointe Barrow.** Elle devient splendide, radieuse, glorieuse. Un rayon direct de l'Astre du jour, sans se baisser sur les ténèbres intermédiaires, lui annonçait la venue de son char triomphal. Seule privilégiée dans tout le Cercle Arctique. Seule dans un grand espace d'obscurité. S'illuminant lentement de cap en pied, elle étendit l'influence de sa splendeur à une berge de gravier à son pied.

Le rayon lumineux contournait ce Cap du N.-Ouest, par le Nord, vers l'Est. D'abord c'était le roc à pic dont l'angle regarde vers le N.-O. Puis le taillant septentrional devient visible. Ensuite le flanc oriental se laisse apercevoir dans l'ombre, et devient plus distinct. Ici, l'escarpement de la montagne, de forme évasée, est couvert de gazon, pas de mousse, c'est du gazon en croissance pour devenir de l'herbe, sans l'aspect de flétrissure qui appartient à l'hiver. Le printemps est donc avancé malgré l'absence du soleil. Dans l'embrasure de son rivage, l'accumulation du gravier est dirigée de l'Est vers l'Ouest. Il suit la concavité et contourne le promontoire. Cette berge de gravier semble isolée; et nulle part dans le voisinage je n'ai aperçu aucun lieu de provenance. S'il vient de loin cela indique que la mer n'est pas profonde. Les rivières d'Alaska restèrent voilées d'un sombre crépuscule.

Le rayon solaire qui a contourné la Pointe Barrow fut lancé comme un projectile de la direction de cette nappe de lumière qui s'est arrêtée à la ligne qui relie Jakutsk au point du mur polaire 120° E. Il est à remarquer que toujours, avant et après ceci, la lumière a rampé sur les surfaces basses et n'est pas parvenue à s'élever au-dessus de la crête des murs. Ici par contre Phébus envoye un messager céleste, par-dessus l'espace ténébreux, poser le pied sur le sommet de la Pointe Barrow. Et la splendeur descend sur elle et la couvre de cap en pied. Si elle n'était déjà nommée, cette Pointe devrait s'appeler **l'Annonciation**.

Mais voilà encore un point sans dimensions. Il est plus éloigné; au Sud-Ouest de la Pointe Barrow. Il prend une dimension, un éclat; il augmente; et surgit des ténèbres. C'est le sommet du Cap Franklin. Le rayon de splendeur qui descend sur lui semble être un second rayon distinct du précédent; mais il ne s'abaisse pas jusqu'à son pied. Et la région chorographique entre les deux monts reste obscure.

Dans la direction de la Sibérie au Cap Franklin une nappe de lumière se forma sur la surface calme de l'Océan de Behring. Elle éclaire le Groupe d'îles inconnu des géographes et que j'ai décrit. Elle traîne lentement son rideau du Nord au Sud. Et, se moulant entre les méridiens 180° et 160° Ouest, elle procède vers le Détroit de Behring, qu'elle traverse, préférant les terres basses et ne s'élevant qu'avec peine presque aux sommets des monts à l'Ouest du Détroit. Continuant à s'étendre dans cette direction, la

lumière fit connaître la latitude de chacune des îles Aléoutiennes, commençant par la plus orientale, mais s'affaiblis-
sant à mesure qu'elle avançait vers le Sud. Enfin, les 4
ou 5 îles plus méridionales ne laissèrent deviner leur situation que par leur scintillement.

La scintillation est un phénomène particulier qui ne
s'est répété nulle part ailleurs. C'est comme un phare avec
une lumière pâle, peu perceptible ou même évanouissante,
mais muni par mécanisme d'une alternation d'intensité.
En outre j'ai vu la chaîne des Aléoutiennes deux fois. La
1re fois par le travers du pôle, et la 2e fois par la direction
de Sumatra et au travers de la nuit qui occupait dans le
Pacifique septentrional les latitudes de 18° à 54°, du Groupe
Sandwich à la chaîne des Aléoutiennes. Et, quoique ces îles
se présentassent par la côte opposée, **dans la seconde
direction leur scintillement continuait comme
dans la première.** J'en infère qu'il provient de leurs
crêtes. Contiennent-elles quelques gisements cristallins
comme ceux sur le sommet des Cordillères des Andes, dans
les régions de Quito, dans l'Amérique équatoriale? là où
le soleil fit jaillir des rayons diamantins dont la longueur
soutendait à mon œil un angle de 45°! splendeur divine !

Ces cristaux sont-ils de ceux qui polarisent la lumière ?
ou qui bifurquent un rayon, ou qui le réfléchissent, dans
deux directions. Le rayon lumineux ne provenait pas d'une
direction descendante. Mais la feuille de lumière rampante,
qui procédait du Détroit de Behring, atteignait le cristal
de bas en haut. L'alternation d'intensité pouvait provenir
de la réflexion des lentes et molles ondées de l'Océan Pacifique; comme celles qui reluisaient au clair de lune sur la
latitude de Tahiti.

Après avoir éclairé la mer, de Behring jusqu'aux Aléoutiennes, la nappe de lumière s'étendit un peu sur le tra-

vers des longitudes et découvrit une partie du Kamtschatka
et la baie Penjina, 160° E. Mais Okotsk fut laissé en dehors
de la visite préparatoire de l'été.

Je regardai de nouveau vers la Pointe Barrow que je
retrouvai comme je l'avais laissée. Alors le littoral à son
orient commença à s'éclairer graduellement et la lumière
rampa vers le Sud-Est et mit en évidence la rivière Mackenzie et le lac de la Grande Ourse, le lac de l'Esclave,
et le lac Athabaska. Disons jusqu'au 56° N. 120° Ouest.
Mais cette percée ne s'étendit pas beaucoup en largeur. Le
golfe d'Alaska dans le Pacifique ne fut que peu perceptible.

Alors cette nappe de lumière forma sa ligne de front
regardant vers le Nord-Est, et s'avança successivement sur
la baie Liverpool, Cap Bathurst, baie Franklin, Terre de
Banks; et lorsqu'elle monta sur l'île du Prince Patrik, je
devins curieux de voir ce qui se passait ailleurs.

Du Détroit de Behring vers l'Ouest, une zone entre le
67° et le 73° parallèle de latitude prêta l'engrenage de
ses méridiens à la progression de la lumière jusqu'à la
Léna, dont le Delta ne s'éclaire qu'à présent, quoique Jakutsk fût depuis longtemps dans une lumière suffisante
pour la lecture. Ensuite le groupe Nouvelle Sibérie ou Liakow s'éclaira. Puis, sur le parallèle 75° N., la lumière se
rangea entre les méridiens, de 170° O. et 130° E. et devint
plus intense; et éclaira une grande étendue de la table
sous-marine qui porte Liakow, et qui est une pierre gris-
jaune avec une légère inclinaison vers le nord. Ce fut cette
nappe qui procéda pour la finale directement du Sud au
Nord. Graduellement et avec constance elle s'empara de
chaque latitude, et montra sur l'une après l'autre que tout
l'Océan de Behring est une mer ouverte au nord du groupe
d'îles inconnu des géographes qui fut éclairé le premier
après le Cap Franklin.

Cette nappe de lumière atteignit le pied du mur polaire. Puis lentement elle monta du pied jusqu'à la crête de ce mur et montra une petite lisière sur le plateau, pendant que son aile gauche continuait à entrer dans la mer de Sibérie le long du pied du mur polaire qui est parallèle à cette côte. Ici encore la lumière rampait bas sur la surface du globe. Et elle arriva au contact de la nappe qui l'attendait sur la ligne qui relie Jakutsk au point du mur 120° E. Après avoir formé sa jonction, la nappe envahissante monta en haut le mur jusqu'à sa crête. Et l'envahissement du Plateau eut lieu.

Lentement, la nappe s'étendit sur la crête du mur. Alors l'obscurité sur les deux tiers du 85° cercle prit des nuances d'intensité concentrique; comme un brouillard dans un entonnoir; la lumière entrant par le cercle extérieur. Conservant ses proportions, et lentement, la clarté augmenta; et, après une attente prolongée, le Point central apparut enfin.

La naissance du Plateau polaire fut accomplie. Nouveauté ravissante! Tableau imposant! Le Créateur avait achevé son œuvre! Non, toutefois! Restait encore à faire l'angle entre les méridiens 30° et 130° Ouest. Je n'en ai pu distinguer que la partie la plus basse, le sédiment lacustre, sous l'obscurité où la feuille de lumière cherchait à s'insinuer.

Récapitulons. — La lumière grise qui rendait distincts les plus minutieux détails sur le Cap Race, et la lumière calme de l'aurore sur le Cap Farewell, restèrent longtemps fixes. Après que la ligne de front qui s'étendait de la Manche à l'Adriatique et au Nil, eût procédé jusqu'à l'Elbe, la lumière descendit le flanc de la montagne du Cap Race, éclaira la mer au pied de ce cap, et procéda vers l'occident. Ensuite une flèche s'élança le long du méridien médial de la mer de Baffin jusqu'à la latitude 73° ou 74° N,; puis elle s'élargit de gauche et de droite jusqu'aux côtes, dont elle ne surmonta pas les murs au-dessus de leurs crêtes. Puis, du Cap Farewell, la lumière prit la direction du Nord-Est, longeant la falaise et atteignant la Plage Polaire, le Cap Chelyuskin, et la mer de Sibérie. Ensuite, partant de la direction de Sibérie, un rayon direct abaissa sa splendeur sur le sommet de la Pointe Barrow. Puis une feuille de lumière rampa au travers du détroit de Behring jusqu'aux Aléoutiennes. Une autre monta la rivière des Mines de cuivre jusqu'au lac Esclave. La feuille de Behring procéda vers l'Ouest jusqu'à la Léna. Enfin de Liakow au pôle. La nappe lumineuse s'étendit sur la surface des ondes comme une pellicule d'huile. La verticalité du mur polaire et des falaises se prête comme une échelle graduée à mesurer la hauteur que la lumière parvient à atteindre. Les feuilles de lumière coupèrent l'obscurité de la Cape du monde comme une paire de ciseaux.

Rappelons en outre que sur la côte du Groënland, le méridien médial des golfes, le 21° O. était une limite exacte. Enfin la feuille lumineuse était également mince qui s'étendait au pied du Rempart de Chine et des Monts de Tartarie. Là aussi les sommets étaient plus obscurs que les bases. Pendant ce temps le mouvement diurne continuait dans les autres parties du monde. Lorsque j'y dirigeai mes regards, l'éclat du jour avait traversé l'Atlantique et l'Amérique du Sud. Le groupe des Galapagos $1/_4$° S., 92° O., était en plein soleil, dont l'éclat dépassait beaucoup à l'Ouest ; disons jusqu'au 105° O., car la presqu'île de Californie se dévoilait graduellement jusqu'à ce que je l'aie vue tout entière.

En Australie, le plein soleil éclairait tout le golfe Carpentaria jusqu'à un méridien de sa Corne orientale, que la configuration de la côte me permet de préciser, le 142° E.

Laissant donc de la marge pour la vague estimation orientée par la Californie, sans autres points de repère; il reste acquis que, à l'équinoxe, sur la 15° latitude, à part le crépuscule, l'aire illuminée par l'éclat solaire comprenait 245 degrés de longitude.

La lune, dont la clarté était séparée de celle du soleil par plusieurs degrés de longitude, occupés par le crépuscule, à l'Est de l'Australie, jetait son éclat sur la latitude de Tahiti 17 ¹/₄° S., 149 ¹/₄° O., Entre Tahiti et les Galapagos, disons au hasard en 110° O., les deux lumières, solaire et lunaire, se mélangeaient et ne laissaient aucune place à l'Aurore. L'éclat argentin de l'astre des amours étendait sa moelleuse lumière sur la ligne de latitude de Tahiti; et, faisant miroiter la surface limpide sur les degrés occidentaux de cette ligne, manifestait le doux soulèvement de l'onde en longues couches ou ondoyements parallèles aux méridiens. Ondées sans ressemblance avec des vagues. La clarté lunaire répandait son influence jusques sur la septentrionale des deux îles Nouvelle-Zélande, disons environ 40° S. 175° E. Mais l'obscurité augmentait sur l'île jumelle, qui toutefois se délinéait; et avec elle aussi la Tasmanie. Mais le bout S.-Ouest de l'Australie n'était guère trouvable. Le crépuscule assombrissait les latitudes jusqu'au 65° cercle qui était la limite du champ de vision. J'y ai aperçu un vaste champ de glace neigeuse en longitude environ 135° O.; et, au Sud du Cap Horn, les Shetland et un peu de continent.

O'Whyii, 18°-10 N. 155° O. était resté solitaire dans les confins de l'obscurité. Et son groupe Sandwich fut introuvable dans le domaine de la nuit, qui s'étendait de là jusqu'à la chaîne des Aléoutiennes, 55° N.

L'aire lunaire n'excédait donc pas l'espace de 55 degrés en latitude.

Tels sont les détails dont.— **Je suis le seul témoin.**
— Combien de chances de lotterie donnent la probabilité
qu'un observateur éduqué se trouvera au lieu d'observation au jour que le phénomène coïncidera avec l'époque
de l'équinoxe !

J'ai raconté ce que j'ai vu, avec autant d'exactitude que
ma mémoire a pu trouver encore dans mes yeux; quelque
inconcevable que la relation puisse paraître. Un témoin
oculaire est tenu à la fidélité de ses yeux indépendamment
de la science, ou des théories présumées.

Je voudrais avoir fait une observation plus complète et
scientifique; mais, en présence d'un phénomène si différent
de ce que la science moderne rend admissible, ma surprise
était grande et ne me laissait de choix que parmi des ma-
ximá d'absurdités. J'étais étonné !

Ce mode de progression de la lumière solaire est surpre-
nant. Dirai-je qu'il choque le sentiment; même de ceux
qui n'avaient pas façonné leur imagination sur ce sujet.

Les philosophes qui ont étudié les diverses théories sur
la nature de la lumière et celle de la vision, prendront
l'occasion pour réviser la préférence qu'ils ont donnée à
l'une ou à l'autre de ces admirables suggestions. Toutefois
je ne sais si là se borneront les sujets de méditation. Peut-
être en surgira-t-il encore un lorsqu'on examinera — *la
date* — du phénomène en vue de l'adapter à la théorie qui
nomme — **Équinoxe** — le jour que les deux pôles sont
éclairés en même temps, et que la durée du jour égale celle
de la nuit dans toutes les parties du monde. En mon cas,
à l'équinoxe, les deux pôles étaient également obscurs.

La date précise est contenue dans le Prospectus des
départs des vapeurs que j'ai décrits dans ma brochure de
1874. Ces deux élégants navires, qui se rencontrèrent à
Bonifacio en Corse où ils prirent des passagers, après quoi

l'un fit pour Marseille et l'autre passa le détroit et suivit le méridien dans la direction de Tunis, étaient sans doute une partie de la flotte des Messageries Maritimes. Cette date sera confirmée par celle de la Malle Royale qui, montant de l'Atlantique était alors en vue des côtes d'Alderney et de Cherbourg, et qui doit être arrivée à Southampton le même jour avant le soir. Et aussi par la Malle Irlandaise de Holyhead à Kingston.

Ce renseignement si intéressant aurait pu être recueilli sans peine par la Société de Géographie de Paris, par le simple fait d'écrire un billet à la Compagnie des Messageries Maritimes, dont le siége central n'est pas plus loin que la rue Notre-Dame des Victoires. Cette Société professe d'être instituée pour examiner les communications et en aider la publication, dans le but de répandre les connaissances de géographie. Mais, au lieu d'examiner, ils m'ont nargué.

Christophe Colomb naquit dans le territoire de Gênes, lorsque les Confins de l'Europe étaient les limites de la science géographique des Chrétiens, et leur science physique ne dépassait pas celle des Métamorphoses d'Ovide. S'il est permis de supposer que, de la porte de sa chaumière, il ait aperçu la planisphère, lui aussi aura été nargué, peut-être même fouetté et forcé à se rétracter. Quitte à émigrer en Espagne, en s'écriant — *e pur lo vidi!*

Nos allures sociales ne me donnant pas la faculté d'obtenir ce renseignement si minime, si facile, et qui est si important pour ceux qui aiment à s'instruire, j'y supplée de mon mieux par l'argument suivant.

La théorie astronomique veut que la date soit proche de l'équinoxe du 20 mars, qui était à 1 h. 41ᵐ Soir, de Paris.

Par un Visa de passeport j'ai la certitude que la date était postérieure au 18 Mars 1869. Or l'Almanach et le Bulletin de Météorologie ont noté que **la lune**, dont l'âge datait du 13 Mars à 8 h. 40^m Matin, était à son 1er quartier le 20, avec vents violents et grosse mer. Le 21, la lune passait le méridien de Greenwich à 6 h. 36^m Soir. Elle était donc à midi en longitude 95° E. ; et sa déclinaison était 20° 4° Boréale. Cela ne s'accorde pas avec la centralisation de son éclat sur Tahiti.

Pour l'adapter au phénomène, la date la plus proche que je sache trouver dans le calendrier est le 31 Mars. Alors la déclinaison était 17° Australe. Et le passage au méridien de Greenwich à 3 h. du Matin indique que la lune passait à 1 $^1/_4$ h. Soir sur Tahiti, 17 $^1/_2$° S. 149 $^1/_2$° O. Cela s'accorde avec le mélange de sa lumière à celle du soleil éclaircissant l'aurore dans les méridiens à l'ouest des Galapagos, vu que son 3e quart fut le 3 Avril, en décl. 20° 0° Australe. Cela est permis aussi par le Bulletin de météorologie qui n'assigne pas de *bourrasque* à ce jour-là.

L'expédition sous les ordres du capitaine Nares partie de Portsmouth le 20 Mai, compte explorer les régions du pôle l'été de l'année prochaine, soit en 1876 ; et revenir en 1877 ou en 1878 ; selon que les mas de glace lui livreront passage. Si ma description de cette région inconnue se trouve confirmée : les savants voudront chercher si les théories prévalentes suffisent pour expliquer ce merveilleux phénomène.

F. W. C. Trafford,

9, rue de Bourg,

Lausanne (Suisse.)